CC

ANTOLOGÍA POÉTICA

*clásicos castalia*

# JOSÉ BERGAMÍN

# ANTOLOGÍA POÉTICA

*Edición,*
*introducción y notas*
*de*
DIEGO MARTÍNEZ TORRÓN

*clásicos* **C** *castalia*

M a d r i d

Copyright © Editorial Castalia, S.A., 1997
Zurbano, 39 - 28010 Madrid - Tel. 319 89 40 - Fax 310 24 42

Cubierta de Víctor Sanz

Impreso en España - Printed in Spain

I.S.B.N.: 84-7039-749-4
Depósito Legal: M. 5.360-1997

# SUMARIO

# INTRODUCCIÓN
## BIOGRÁFICA Y CRÍTICA[1]

## 1. APUNTES BIOGRÁFICOS[2]

Nació Bergamín en Madrid, el 30 de diciembre de
1895. Su padre fue un conocido abogado y político de la
Restauración, de origen malagueño. Vivió en Madrid
los cuarenta primeros años de su vida. Estudió en la
Universidad Central de Madrid la carrera de leyes.

Publica sus primeros ensayos en los años 1921 y 1922 en
la revista *Índice* de Juan Ramón, en cuya colección aparece igualmente la recopilación de aforismos *El cohete y la
estrella* en 1923. En 1927 en *Litoral* de Prados y Altolaguirre, la colección de caricaturas líricas *Caracteres*.[3]

[1] Quiero agradecer muy especialmente al profesor Nigel
Dennis su amabilidad al facilitarme libros suyos de difícil
acceso, y otros en pruebas de imprenta.

[2] Este esquema biográfico no puede menos de ser deudor
de: Gonzalo Penalva, *Tras las huellas de un fantasma. Aproximación a la vida y obra de José Bergamín,* Madrid, Turner,
1985. Nigel Dennis, *J. B. A. Critical Introduction 1920-1936,*
Toronto, University of Toronto Press, 1986, pp. 3-20, "'Tras el
fantasma'": A Biographical Sketch". Completo con anotacio-
nes personales

[3] J. B., *Caracteres,* Madrid, Turner, 1978, facsímil de la edición de Litoral de 1926.

En 1928 casó con Rosario Arniches, hija del popular sainetero Carlos Arniches.

Nuestro autor pasó de la amistad al odio mutuo con Juan Ramón.[4] Siempre fue fiel a Unamuno, y pueden advertirse influencias de los últimos poemas de este autor sobre su propia obra, por ejemplo en lo relativo al tema del *sueño*.[5]

Bergamín fue desde siempre un católico progresista un tanto heterodoxo, y enemigo de la Dictadura de Primo de Rivera. En este sentido dirige la revista *Cruz y Raya* desde 1933 a 1936, aglutinando tendencias afines de autores alemanes y franceses.

En sus artículos de *Cruz y Raya* Bergamín va politizándose cada vez más. En 1935 comenta la intervención de Gide en el Congreso Internacional de Escritores Antifascistas en Defensa de la Cultura celebrado en París, que intenta conciliar comunismo e individualismo. Critica la noción marxista de literatura como mero reflejo social y propone, con Gide, la búsqueda de lo humano.[6] En el Segundo Congreso Internacional de Escritores en Defensa de la Cultura reunido en Valencia a mediados de 1937, que nuestro autor presidió, y donde se manifestó la diferencia entre trotskistas y stalinistas, se consuma la ruptura con Gide, quien había criticado el sistema soviético.

José Antonio Primo de Rivera se entrevistó con Bergamín para que el segundo número de la publicación tuviera un carácter fascista, pero nuestro autor se niega porque fascismo y cristianismo le parecen incompatibles. De este modo, *Cruz y Raya* apoya decididamente a la República.

[4] Nigel Dennis, *Perfume and Poison. A Study of the Relationship between J. B. and Juan Ramón Jiménez,* Kassel, Edition Reichenberger, 1985 (Problemata Semiotica, 5).

[5] Véase *El epistolario. José Bergamín, Miguel de Unamuno (1923-1935),* ed. de Nigel Dennis, Valencia, Pre-Textos, 1993.

[6] Una edición asequible al lector: *Cruz y Raya. Antología,* selección y prólogo de José Bergamín, Madrid, Turner, 1974, pp. 408-411.

El propio Bergamín está próximo al estalinismo anti-trotskista durante la guerra civil, y muy vinculado a *El Mono Azul* —a quien da nombre—, y *Madrid. Cuadernos de la Casa de la Cultura*. En *Hora de España*, aparecen en 1938 sus tres sonetos "A Cristo crucificado ante el mar", elogiado por Machado en la misma revista.

Se marcha a París, donde es presidente de la Junta de Cultura Española en el exilio, y publica la revista *España Peregrina* desde 1940. Estos cargos los ostentará después en su traslado a México en 1939, donde comienza una nueva etapa de la revista que él dirige con más agresividad.

En el exilio Bergamín colabora en las revistas de Villaurrutia y Octavio Paz *El Hijo Pródigo* y *Taller*, en *Romance*, *Aragón*, *Las Españas*, *Letras de México*, *Ahora*, y en los diarios *El Nacional* y *El Popular*.

También en México dirige y funda la editorial Séneca, en la que aparecerán las *Obras* de Machado, el primer volumen de *La arboleda perdida*, de Alberti; *España, aparta de mí este cáliz*, de Vallejo; *Poesías de Gil Vicente*, de Dámaso Alonso; *Memoria del olvido*, de Prados, y *Poeta en Nueva York*, de Lorca. Como es sabido, respecto al libro de Lorca hay una compleja discusión textual entre los expertos.

En 1943 muere su esposa y queda viudo con tres hijos.

En 1946 sale de México a Venezuela: Caracas (1946-1947), y luego a Montevideo (1948-54). Pero su exilio americano no es nada fácil, al ser considerado como comunista.

Desde 1954 a 1958 reside en París. El 22 de diciembre de 1958 vuelve a España, donde vive hasta 1963.

Durante su estancia en España mantuvo una entrevista con su amigo Azorín, quien le dice:[7]

Voy a hablarle del panorama político para que se entere de la situación española. Los españoles se dividen en tres

[7] Apud Dennis, *J. B. A Critical...* p. 15. Según entrevista con Carlos Gurméndez citada en la bibliografía. También la reproduce Penalva en su libro, p. 213.

clases: los indivisos, los tolerantes y los réprobos. Yo soy un tolerante, y usted es un réprobo tolerado, cosa que no le va a durar mucho.

En este primer regreso a España Bergamín se enemista con los católicos profranquistas, enfrentándose con Luca de Tena. Se convierte en un *peregrino en su patria*, empleando la expresión de Lope.

La causa de su regreso al exilio fue su protagonismo en un manifiesto redactado para protestar contra la represión y tortura de una huelga de mineros asturianos, lo que le supone la enemistad de Fraga Iribarne, ministro a la sazón de Información y Turismo.

Esta "Carta" iba firmada también por Aleixandre, Laín Entralgo, Sastre, Aranguren, Celaya, Francisco Rabal, etc., hasta 120 firmas. Fraga contestó en *El Español*,[8] señalando que se trataba de una maniobra de propaganda y que nunca se produjeron dichas torturas.

En 1963 vuelve a partir hacia Montevideo, y luego de nuevo a París, donde vivirá hasta 1970. En la ciudad francesa se hace amigo de André Malraux y se le concede la Legión de Honor, como a Picasso y Buñuel. Vive muy de cerca la revolución de mayo de 1968, que compara a la FAI española de la guerra. Se siente como un fantasma, debido a su desarraigo; este tema del *fantasma* será fundamental en su obra.

En 1970 regresa a España, presentándose más tarde como candidato a senador por Izquierda Republicana. Es una época muy fecunda, en la que publicará numerosísimos artículos y reediciones.

Defiende a Arrabal y se refiere, en evolución interesante de su pensamiento, a los estados totalitarios del mundo: Rusia, Polonia y Checoslovaquia, en el artículo "Otro caso concreto".

En 1977 Bergamín había publicado cinco libros de poemas, escritos en su época de madurez vital y casi ancianidad. Téngase en cuenta que no es sino en sus

---

[8] *El Español*, n.º 52, 12 octubre 1963.

últimos años de vida y tras su muerte cuando se editan sus poesías completas en Turner.

En la revista *Sábado Gráfico* —en la que también colaboraba Cunqueiro— se ocupa de una sección fija, *Las cosas que no pasan*, de noviembre de 1973 a abril de 1979.

Es destituido por sus terribles ataques contra la monarquía. Ello le lleva a un mayor radicalismo ideológico si cabe, y a colaborar con la prensa del PCE (ML) y luego con el diario *Egin*, y el semanario *Punto y Hora*. Se sitúa así políticamente al lado de la izquierda radical *abertzale* de Herri Batasuna, próxima a la organización terrorista ETA. Ataca a Felipe González en sus últimos artículos. Es una época de amargura, marginación y resentimiento.

Pero en estas fechas escribe también sus poemarios más maduros, *Esperando la mano de nieve* y *Hora última*, en Fuenteheridos, en casa de su hija, aislado y pobre, recuperándose de las heridas producidas por una caída.

Murió en San Sebastián el 28 de agosto de 1983. Su entierro constituyó un acto político *abertzale*.

La editorial Turner publica la edición de su *Poesía*.

## 2. INFLUENCIAS LITERARIAS EN BERGAMÍN

### 2.1. *Los clásicos*

Bergamín defendió siempre un modo maravillado de lectura; enamorado de nuestros clásicos, difunde ese amor entre los lectores. De este modo es un autor que fundamenta de modo sólido su propia escritura, enlazando con la brillante tradición literaria española. Su actitud la comparten otros gigantes de nuestro siglo XX: Cernuda, Guillén, Salinas, Dámaso, que buscan igualmente en el pasado las llaves de comprensión de nuestro presente y futuro.

Dentro de esta afición a los clásicos destacan en Bergamín las referencias a Lope y Calderón. De hecho, la profunda visión metafísica que late en las obras de nuestro autor, es herencia de la del Siglo de Oro español.

Parte de una búsqueda metafísica que intenta encontrar lo esencial más allá de las apariencias, que tan superficialmente enredan al hombre del siglo XX.

Su profunda religiosidad se pone de manifiesto en el tema kierkegaardiano del misterioso temblor, que descubre en la poesía de San Juan.[9]

Hará una interpretación religiosa de Cervantes, Lope y Santa Teresa, a propósito del *disparate de creer* ("disparate esencial del cristianismo. Cristo mató la muerte").[10]

A lo largo de sus ensayos, Bergamín gusta de glosar personalmente una frase intensa recogida de los clásicos, hilando ideas muy diversas en un continuo. También sus poemas participan en ocasiones de esta característica de glosa de una cita importante, de calidad estética.

Es decisiva la influencia de Lope, de quien toma por ejemplo el concepto de *peregrino en su patria*. Igualmente importante es la huella de Calderón, de quien toma el motivo reiterado de *cristal del tiempo*, que daría incluso título a una sección de *Cruz y Raya* ("formas de las horas / que son cristales del tiempo [...]"). Calderón le inspira el tema de la relación entre realidad y sueño,[11] y su peculiar visión de la muerte, insistentemente repetida.[12]

Como miembro del 27, Bergamín defenderá a Góngora en "Patos del aguachirle castellano", en *Verso y Prosa* (1927).[13] Pero al mismo tiempo se enfrenta al maquillaje femenino, la afectación gongorina de la poesía.[14]

---

[9] *Importancia* pp. 27-29.

[10] *Al fin...* p. 40, pp. 44-45.

[11] *Lázaro*, p. 28.

[12] *Laberinto* pp. 78-80.

[13] *Pensamiento de un esqueleto* vol. I, pp. 47-49. "Patos del aguachirle castellana" en *Verso y Prosa*, Murcia, núm. 6, junio 1927.

[14] *Beltenebros* pp. 64-71.

## 2.2. *El siglo XIX: Zorrilla, Ferrán, Bécquer*

En plena guerra aún encuentra tiempo Bergamín para glosar bellamente el *Don Juan* de Zorrilla en relación al *Quijote*, con técnica de asociación que será luego un modo típico de su ensayismo. Es en un artículo de *La Vanguardia* de 1938, diálogo entre Don Juan y Don Quijote, símbolo de la necesidad de un diálogo entre posturas contrapuestas, un velado mensaje pacifista lanzado en plena guerra, una guerra de la que Bergamín siempre abominó.[15] Este tema lo reitera en *El pozo de la angustia*: Don Juan y la eternidad, Dios le entiende y basta —dice él—.[16]

En este ámbito no podemos olvidar la extrema importancia de la influencia de Augusto Ferrán, de quien se queja ha caído en injusto olvido. Sobre él escribirá en *Lázaro*...[17] Sugerimos al lector comparar las coplas de Ferrán con las de Bergamín,[18] aunque el código simbólico de la poesía de nuestro autor, aporta una dimensión de profundidad que no había tenido antes este género literario.

La huella de Bécquer, tan importante en todo el 27, es también fundamental en Bergamín. Así en *La corteza de la letra* hay una referencia a la "mano de nieve", que inspiraría luego su mejor poemario, *Esperando la mano de nieve*, a que tendremos ocasión de referirnos.[19]

---

[15] *El pensamiento de un esqueleto*, II, pp. 57-61.

[16] *El pozo*, pp. 52-53 y pp. 54-56. Cfr. tb. *Laberinto* pp. 113-79, ej. pp. 138-40; *Corteza* pp. 136-140; *De una España peregrina* pp. 229-279 ej. p. 277.

[17] *Lázaro*, p. 45, pp. 49-67 y 69-74.

[18] Cfr. Augusto Ferrán, *Obras completas*, ed. de José Pedro Díaz, Madrid, Espasa-Calpe, 1969 (Clásicos Castellanos, 164), p. 30 núm. XLIV, p. 70 núm. CXLIII, p. 79 núm. XXXIII (CLXI).

[19] *Corteza* pp. 175-176.

## 2.3. *Unamuno, Azorín, Machado, Juan Ramón*

Pero es Unamuno probablemente la referencia más importante para comprender el ámbito de las influencias literarias ejercidas sobre nuestro poeta.

Ya le dedicó tempranamente *La cabeza a pájaros* (1925-1930): "A Don Miguel de Unamuno, místico sembrador de vientos espirituales."

De la amistad entre ambos escritores ha dejado testimonio la publicación reciente de un interesante epistolario.[20]

El tema del *sueño* tiene una raigambre unamuniana y machadiana clara en nuestro autor. También la idea de compromiso existencial, gritar la propia verdad. Bergamín ha leído el *Cancionero* (1936) de Unamuno, probablemente en la edición de Federico de Onís.[21]

Bergamín dedica *Lázaro...* "Al maestro Azorín", a quien se refiere en diversos pasajes de otras obras.[22]

Igualmente Antonio Machado está presente en las páginas de ensayo de Bergamín.[23]

---

[20] *El epistolario. José Bergamín-Miguel de Unamuno (1923-1935)*, ed. de Nigel Dennis, Valencia, Pre-Textos, 1993.

[21] Añado la referencia bibliográfica, que Bergamín no cita: M.U., *Cancionero. Diario poético*, ed. y pról. de Federico de Onís, Buenos Aires, Losada, 1953.

[22] Cfr. *Corteza* p. 38, sobre Azorín y Cervantes; *Corteza*, pp. 31-32, indica que Azorín no tuvo arriesgado sentido, frente a Machado; *El pensamiento de un esqueleto*, vol. I, pp. 185-86, 187-88, 190-91, 191-92, llama tonto a Azorín por su deserción (pp. 185-86) y se refiere a la mística azoriniana (pp. 187-188).

[23] Cfr. *El pensamiento de un esqueleto*, vol. I, p. 186, sobre vivir y soñar en Machado; ibíd. vol. I, pp. 173-175, evoca a Machado visitando a su casa, artículo de *Hora de España* (1938). Cfr. tb. *Prólogos...* pp. 83-90, que muestra quería mucho a Machado, de quien publicó la edición de *Obras*, México, Séneca, 1940.

Juan Ramón Jiménez pasó de ser su ídolo a su polémico enemigo.[24]

Bergamín acabó oponiendo la poesía *de verdad*, a la manera de Salinas, frente al esteticismo que inicialmente le impresionó tanto de Juan Ramón.

Creemos que el estilo poético de Bergamín desarrolla el de la etapa intermedia de Juan Ramón, en libros como *Belleza*, *Poesía*, *Eternidades*, *Piedra y cielo*. Pero Bergamín es más profundo. Si bien debemos hacer notar que luego Juan Ramón evolucionaría, de un modo distinto, hacia una poesía metafísica de gran hondura e interés que está aún por valorar correctamente, y no pensamos tanto en *Espacio* como en *Dios deseado y deseante* y los últimos poemas de la *Tercera antolojía*.[25]

## 2.4. *Bergamín y el 27*

En el libro póstumo de Bergamín *Prólogos epilogales* (1985) hay una gran cantidad de artículos, prólogos y referencias a sus compañeros de generación, que

---

[24] Cfr. una visión positiva de Juan Ramón por Bergamín en *Caracteres* (1926), Madrid, Turner, 1978, facsímil, caricatura muy idealizada. Juicio positivo en *El pensamiento de un esqueleto*, "Pasemos la página", vol. I, pp. 68-71 (originalmente en *Sábado Gráfico* núm. 1073, 24 diciembre 1977, p. 21), lo que muestra que tardíamente Bergamín volvió a reconsiderar a su antiguo maestro, aspecto éste que no recoge Dennis. Ver también en este libro un artículo inicial, de *La Gaceta Literaria* núm. 11, 1 junio 1927, "El idealismo andaluz", de gran importancia, en el que no sólo elogia a Juan Ramón sino también a Guillén y Cernuda. Pero en otros puntos censura a Juan Ramón por su esteticismo, que contrasta con *La voz a ti debida* de Salinas, en *El pensamiento de un esqueleto*, vol. I, pp. 90-93, refiriéndose a la poesía de verdad.

[25] Cfr. Juan Ramón Jiménez, *Tercera antolojía poética*, ed. Eugenio Florit, Madrid, Biblioteca Nueva, 1970, 2.ª ed.

demuestran su labor fundamental de constructor de la idea del 27 sobre la crítica posterior.

Creemos importante destacar que para Bergamín la influencia de Góngora sobre la generación del 27 no es decisiva —pese a los tópicos luego acuñados sobre este aspecto—, y en cambio aproxima el grupo a Juan Ramón y sobre todo a Ramón Gómez de la Serna. La huella de la imaginación de Ramón sobre el 27 sería glosada luego también por Cernuda, y es un aspecto que nos parece importantísimo.[26]

Bergamín, como después Guillén y Cernuda, considera como otra influencia fundamental sobre el grupo del 27 la obra de Bécquer, gran padre de la generación con su poesía evanescente y de sugerencia lírica y sencilla.

Y elogia a Guillén,[27] a Alberti,[28] etc.[29] en artículos en *La Gaceta Literaria*.

Entre las fuentes foráneas de Bergamín habría que destacar a Pascal, Goethe, Hugo, Tolstoi. A Mallarmé, "musarañero e incomprensible hegeliano", como le llama. Y a Nietzsche, cuya *La Gaya Ciencia* menciona,[30] dejando sentir su influencia sobre sus propios aforismos.

---

[26] *Prólogos epilogales* p. 70, y luego en pp. 73-76. Cfr. *El pensamiento de un esqueleto* vol. I, pp. 50-55, sobre la influencia de Ramón Gómez de la Serna en el 27, a propósito de Salinas, artículo de *Gaceta Literaria* núm. 51, 1 febrero 1929 pp. 1 y 5. Luis Cernuda coincide con Bergamín en sus *Estudios sobre poesía española contemporánea* (1957), en *Obras completas*, vol. II, *Prosa* vol 1, ed. de Derek Harris y Luis Maristany, Madrid, Siruela, 1994, pp. 172-181.

[27] *El pensamiento de un esqueleto*, vol. I pp. 76-77 y 78-79, texto de *La Gaceta Literaria*, núm. 49, 1 enero de 1929, p. 3.

[28] *El pensamiento de un esqueleto*, vol. I, pp. 80-87, en *La Gaceta Literaria*, donde alaba a todos los jóvenes del 27.

[29] Cfr. *El pensamiento de un esqueleto*, vol. I, pp. 94-97, p. 99, etc. etc.

[30] Cfr. *El cohete...*, ed. cit., p. 108.

## 3. Características de estilo

### 3.1. *El ensayo de Bergamín*

Como escribió Cernuda: "Todo poeta es, o debe ser, un crítico; un crítico silencioso y creador, no un charlatán estéril."[31] Toda una lección y programa de vida para muchos de nosotros. Y desde luego, aplicable a la obra de Bergamín.

Los libros de ensayo de Bergamín están constituidos por un flujo continuo de ideas diversas, en una formidable dispersión capaz de enlazar el teatro griego y el áureo español, mencionar a Einstein, para pasar luego a Santo Tomás y a conceptos católicos. O partir de Dante, para seguir con Shakespeare, Cervantes, Maquiavelo, Montaigne, y culminar en perorata sobre el catolicismo.[32] Deambular de la mente, que se sigue no obstante con fascinación por la propia irregularidad de lo que se nos ofrece, en pensamientos de indudable interés y brillo.

### 3.2. *Aforismos*

Otro aspecto a tener en cuenta sería el carácter aforístico de parte de la poesía bergaminiana. Tengamos en cuenta además que publicó libros de aforismos. En ellos hace un elogio de la paradoja.[33]

Como vimos, su aforismo está próximo a los de Nietzsche, pero los suyos son más líricos que sesudos, lo que no obsta para la profundidad de su pensamiento.

La reciente publicación por Antonio Sánchez Romeralo del volumen IV de *Metamórfosis*, el libro inédito titulado *Ideolojía*, nos muestra que por las fechas en que

---

[31] Luis Cernuda, *Obra completa*, vol. 2, *Prosa-1*, ed. cit., pp. 18-19.
[32] Cfr. *Fronteras*, p. 48 por ejemplo.
[33] *Aforismos...*, p. 57.

ambos poetas se trataron, Juan Ramón componía fre-
cuentes aforismos, que Bergamín, que le trataba entonces con asiduidad, debió sin duda de conocer.[34] Juan
Ramón comienza a escribir aforismos en 1897 hasta
1957, pero son muy distintos de los de nuestro poeta,
que es menos esteticista, más tenso en pensamiento,
más próximo a la paradoja, y más cercano a las preocu-
paciones intelectuales del hombre, más allá de la obsesión por la belleza que tiene el poeta de Moguer. El
aforismo de Bergamín es además menos subjetivo. El de
Juan Ramón es casi un diario poético, de enrarecida
sensibilidad narcisista. Ambos autores ofrecen una obra
aforística, si bien distinta, igualmente interesante.

Unamuno le escribe en carta que en todo pensamiento hay implícito un epigrama.[35]

Frente a la digresión fenomenológica de sus ensayos,
el aforismo y el verso bergaminianos producen una sensación de intensidad y sugerencia, en expresión colmada
de transparencia.


3.3. *Madurez poética*

Salvo algunas breves incursiones en la poesía, que la
crítica ha desvelado recientemente, la mayor parte, por
no decir la casi totalidad, de la obra poética de nuestro
autor se escribió cuando había sobrepasado la madurez
y se encontraba rumbo a la vejez. Por ello tal vez el tema
de la muerte y el de la propia muerte, al igual que el
paso del tiempo —que enlaza con el pensamiento
barroco— es tan importante en él.

De este modo ofrece una personalísima cosmovisión,
aunque efectivamente reiterada en motivos recurrentes,
representada por temas fundamentales de la existencia

---

[34] Cfr. Juan Ramón Jiménez, *Ideolojía, Metamórfosis vol. IV*,
Barcelona, Anthropos, 1990, reconstrucción, estudio y notas
de Antonio Sánchez Romeralo.

[35] *El epistolario...* pp. 169-170.

humana: tiempo, vida, muerte, propia muerte, fantasma, sueño —sueño de la vida—, sombra —platónica— etc.

## 3.4. *Poesía popular*

Otro rasgo que creo distintivo de la generación del 27 es su aproximación a la poesía popular, patente por ejemplo en Alberti y Lorca, aunque haya poetas más intelectuales como Guillén, Salinas, Larrea, Diego. Pero todos ellos valoraron la poesía popular. Bergamín recoge en diversos textos su gusto por la copla popular andaluza, que tanto influirá en su propia poesía.[36]

Hay en él influencia, es verdad, de la canción tradicional, pues recoge la sabiduría popular unida al lirismo, aunque su expresión es más intelectual y profunda, con paradojas y sentencias casi aforísticas en verso.

## 3.5. *Transparencia*

Bergamín defendió siempre en sus ensayos una poesía sencilla, con sentimiento, no culta, próxima a lo popular.

Propugna una poesía *analfabeta*, la poesía del pueblo.[37] Busca una redención de la ignorancia del pueblo, de la que surge la verdadera poesía, frente a la culta o esterilizada.

Y en *Aforismos de la cabeza parlante* considera a la poesía como transparencia:[38]

---

[36] *Fronteras,* p. 108.

[37] *La decadencia del analfabetismo. La importancia del demonio*, Santiago de Chile/Madrid, Cruz del Sur, 1961 (Renuevos de Cruz y Raya, 2), reeditado de forma más completa, con otros ensayos añadidos, en *La importancia del demonio y otras cosas sin importancia*, Madrid, Júcar, 1974 (La Vela Latina, 8).

[38] *Aforismos...,* p. 62.

>  La poesía desenmascara la vida de verdad, enmascarándola de transparencia.

Ya en 1927, en *Verso y Prosa* definía la poesía y la poesía pura.[39]

Nuestro autor se va deshaciendo del corsé barroco y camina poco a poco, ya en sus *Sonetos*, hacia el verso ligero y claro, que consolida su peculiar forma y estilo.

En efecto, surgiendo del soneto, Bergamín se libera en la asonancia de las *Rimas*.

Creemos importante destacar que se aleja del brillo metafórico peculiar del 27 en su conjunto. Algo semejante, de muy distinta manera, ocurre a Manuel Altolaguirre y Emilio Prados, a los que gana en transparencia.

En efecto, frente a la poesía andalucista de Lorca, Alberti y Aleixandre, en Bergamín no hay imágenes de estilo sorpresivo. Su palabra es nítida y clara, y trata de transmitirnos, una reflexión y una idea. Por eso se aproxima luego, un paso más en su estilo, dentro de una línea coherente, al aforismo con el que iniciara su carrera literaria. Su poesía está dotada de una enorme capacidad de sugerencia.

## 3.6. *Visión metafísica*

José Bergamín explora el misterio de la palabra poética. Es un metafísico que busca el sentido de la vida y del ser, y lo encuentra en el límite de la palabra y la transparencia del silencio.[40]

El pensamiento poético de Bergamín forma un todo coherente y compacto. Indaga en la consistencia de su propio y efímero *yo* de hombre. Su insistencia en la fugacidad del sueño de la vida y en la cercanía inexorable de la propia muerte, se expresa a través de versos que son variaciones infinitas, siempre sorpresivas, sobre

---

[39] *El pensamiento de un esqueleto*, vol. I, p. 112-113.
[40] Cfr. *Poesía*, I, 111.

un mismo tema. Por eso ataca a la poesía sin pensamiento y de palabras huecas.[41]

Poeta que tenía, desde el principio, algo importante que decir, una poesía con sentido, con pensamiento poético, fruto de una sabiduría y una reflexión personal y profunda sobre la vida.

*Claridad desierta* porque se busca la iluminación, la luz, pero en la desnudez de una estancia sin objetos. Su poema se torna así esencialista, poblado sólo por símbolos de pensamiento poético, ajeno a referencias cotidianas epifenoménicas. Bergamín es, en el mejor sentido del término, un poeta metafísico y esencialista.

En otro lugar explica el título de *Velado desvelo.*[42] Escribe en duermevela, ensueños próximos al amanecer. El sentido se difumina tenuemente, escribe el poeta entre la vigilia y el sueño, en velado desvelo, cuando está a punto de dormir su propia muerte (símbolo) y cuando (metáfora descriptiva) el alma se encuentra en la frontera tenue de la consciencia. Escribe en el límite de sí mismo. Al final del volumen retorna a explicar el título con una referencia al amor, y la mano de la muerte que le desvela.[43]

Con esta peculiar profundidad poética de pensamiento, el verso busca decir lo indecible: lo inefable romántico, lo inefable también de los místicos áureos.[44]

Otro aspecto importante de la poesía de Bergamín es que justamente esa visión metafísica se transmite a través de formas poéticas populares de copla y canción, a las que aporta una nueva dimensión de sabiduría. El elemento culto y el popular se funden en un maridaje de imprevisibles consecuencias literarias.

[41] *Poesía*, I, 175.
[42] *Poesía*, IV, 9.
[43] *Poesía* IV, 187 y 191.
[44] *Poesía*, IV, 171.

## 4. Temas en la poesía y obra de Bergamín

Repasemos brevemente los temas fundamentales de la poesía bergaminiana, apoyándonos para su elucidación en las referencias que se encuentran en sus ensayos.[45]

### 4.1. *El sueño*

Es un tema clave en la poesía bergaminiana, y su fuente se remonta tanto a los clásicos áureos españoles —Calderón y el príncipe Segismundo— como a Unamuno, quien realizó una auténtica labor de magisterio sobre nuestro poeta, como queda de manifiesto en el epistolario recientemente publicado.[46]

Basta comparar los textos del *Cancionero* (1936) de Unamuno con los de nuestro poeta, relativos a este tema, para comprobar su influencia.[47]

Hay referencias al tema del *sueño* en la prosa bergaminiana, así en *España en su laberinto teatral...* que es, todo el libro en sí, una bella logomaquia mental:[48]

En este mismo libro se refiere a que es posible burlar

---

[45] Para la metodología que sigo cfr. mi "Pedro Salinas y la crítica temática", en mis *Estudios de literatura española*, Barcelona, Anthropos, 1987, pp. 157-78. Y la prolongación de estos apuntes metodológicos en el prólogo a mi *Ideología y literatura en Alberto Lista*, Sevilla, Alfar, 1993, pp. 9-21.

[46] *El Epistolario...*, cit. Para el tema del sueño en la relación entre ambos escritores, cfr. la famosa carta de Unamuno desde el destierro, 11-4-1926 (pp. 66-67) y cfr. la nota de Dennis, pp. 71-72, núm. 2.

[47] Miguel de Unamuno, *Poesías completas*, ed. de Manuel García Blanco, Madrid, Escelicer, 1966. p. 1424, es el último poema de *Últimas canciones* (1936). Cfr. también *El epistolario...*, pp. 191-97, "Los últimos versos de Unamuno", en *El Nacional* de Caracas, 15 febrero 1954.

[48] *España en su laberinto...*, p. 50.

el tiempo con el sueño de la literatura, refiriéndose a Lope.[49]

En *La corteza de la letra* se refiere a los españoles y la filosofía, el filosofear.[50] Defiende el pensar en las musarañas —como por otro lado está haciendo él en sus ensayos, divagando al pairo—. Es lo que llama el "pensamiento musarañero", que intenta asir espejismos, como quiere Mallarmé. Igualmente en *El pozo de la angustia*.[51]

Así pues, influído por el pensar heideggeriano de la pregunta existencial y de la angustia —recordemos el artículo de Heidegger recogido por Bergamín en el número 6 de *Cruz y Raya*, en traducción de Zubiri—, del tema del sueño nos elevamos a la pregunta por nuestro propio ser. En *El pozo...* cita constantemente al filósofo alemán y su cuestión "¿Por qué *ser*, y no más bien *nada*?". Y glosa luego a Pascal para llegar a los grandes temas literarios, hilando un tema hermenéutico con otro, de Don Juan a Don Quijote, para dejarnos esta afirmación: "El hombre no se encuentra del todo más que cuando se pierde a sí mismo. Porque encuentra a Dios."[52]

De Dante nos dice que traspasa la muerte con el sueño.[53] Y se refiere también al despertar soñando en Rivas. Es evidente que se debe de estar refiriendo a la obra del poeta romántico cordobés *El desengaño en un sueño*, de sabor calderoniano.

Y en *España en su laberinto...*,[54] escribe: "a más de soñadas y bien escritas, deben ser las novelas, verdaderas". Y pasa a hablar del sueño y la literatura, el sueño en la picaresca.

En *Beltenebros...* se refiere al sueño calderoniano,

[49] *España en su laberinto...*, p. 116.
[50] *La corteza de la letra*, pp. 165-66 y 167-68 y p. 171.
[51] *El pozo de la angustia*, pp. 22-24.
[52] *El pozo...*, p. 44.
[53] *Fronteras...*, p. 41.
[54] *Op. cit.*, p. 217-218.

de donde toma Bergamín toda su reflexión acerca de
este tema, en texto fundamental para comprender su
poética.[55]

Para Bergamín el hombre es sueño de una sombra, y
enlaza con el tema de Segismundo que le impresionara
y en el que tanto profundizó, símbolos del hombre que
vuelve hacia adentro la mirada.[56]

El tema de Segismundo lo recrea igualmente en
*Lázaro, Don Juan y Segismundo*.[57] También en otros
muchos artículos. Es la mezcla de realidad e irrealidad,
con alusión a Segismundo, aspecto patente hasta la
saciedad en su poesía.[58]

Aplica después el tema del sueño a España; pasa del
nivel abstracto de la pregunta metafísica y la indagación en
el alma del *adentro* unamuniano, al compromiso político.
Este juego entre realidad y sueño es típico de su obra.[59]

Ya en 1946 encontraba importante este tema calderoniano del sueño.[60] Y en el epistolario con Unamuno, en
carta de 1932, lo aplica a la situación política española:
importa no estar dormido.[61] Y un poco antes, en sus aforismos.[62]

Es en definitiva, un tema fundamental en su obra.


4.2. *La muerte*

Frente al tema calderoniano de la vida como sueño,
expone Bergamín una variante en esta influencia: la

---

[55] *Beltenebros...*, p. 143. También p. 148.
[56] *Beltenebros...*, pp. 151-52. Una prolongación de este tema,
con parafraseo, se encuentra en *Lázaro, Don Juan...*, pp. 179-80.
[57] *Op. cit.*, pp. 83-87 especialmente.
[58] *Lázaro...*, pp. 154-155.
[59] Cfr. también *La corteza...*, pp. 164-167.
[60] *El pensamiento de un esqueleto...*, vol. I, p. 145 y 149. Cfr.
también vol. III, p. 76, tema del sueño que une a Don Quijote
y Segismundo.
[61] *El epistolario...*, pp. 99-100.
[62] *Aforismos de la cabeza parlante*, pp. 9 y 10, pp. 53-55, p. 78.

vida es la verdad.[63] Para el barroco la vida es sueño pasajero. Para Bergamín es la auténtica verdad, aunque también es sueño. El centro de su preocupación es la existencia terrena, que no quiere anular, como el hombre barroco, en pos de una pretendida eternidad más allá. Por eso sufre nuestro poeta, porque la muerte le arrebata lo que más quiere: la vida, la intensidad de vivir, y la compañía de la amada.

Bergamín, como Cervantes, escribe desde la vejez, en la etapa final de la vida, y no tiene tiempo que perder en sucesos fútiles. Por ello abandonará las veleidades vanguardistas que caracterizan a muchos compañeros de generación. Escribe poesía cuando, por otra parte, ya ha pasado el sarampión surrealista.

Del surrealismo toma quizás tan solo la obsesión por el tema del *otro*, el doble interior del *yo*, pero ello requeriría de por sí otro estudio aparte. La idea está también en Octavio Paz, a quien conoció en México, y que estaba muy imbuido de las teorías de Breton.

Un tema querido a nuestro autor, típico de su bello poemario *El otoño y los mirlos*,[64] es el del *otoño*, que recoge aspectos tan típicos y tópicos de nuestra literatura como el de la hoja que cae, pero aquí en referencia a Cervantes.[65] Su interés por el otoño tiene que ver con la situación epigonal de su vida, la ultimidad de la existencia desde la que escribe; y al mismo tiempo, el otoño de hojas amarillas representa la naturaleza acorde con el mismo sentimiento humano.

Bergamín trata en sus ensayos sobre la muerte y la intensidad necesaria con que debe vivirse la vida.[66] Y sobre la verdad de la muerte en el teatro español, con

---

[63] Cfr. luego, poema núm. 244.

[64] José Bergamín, *Del otoño y los mirlos*, escrito en Madrid, Retiro, 1962, publicado en Barcelona, Editorial RM, 1975; se puede consultar también en el volumen primero de *Poesía*, Madrid, Turner, 1983.

[65] Cfr. *Antes de ayer...*, pp. 63-65.

[66] *Mangas y capirotes* pp. 63-64.

criterio muy barroco.[67] Hay en su obra referencias muy bellas respecto al sentir del pueblo español en el siglo de oro, sobre el concepto de la muerte. En *España en su laberinto...*, uno de los ensayos más bellos que salieron de su pluma, se refiere a que "la muerte es sueño, como la vida", uniendo el tema al de Don Juan.[68]

La muerte es un hecho inevitable a que el hombre debe enfrentarse. Es el tema omnipresente y más reiterado de la poesía de Bergamín, como lo fuera en Rilke o en su amado-odiado Juan Ramón. Así, en este mismo libro que he citado.[69] Allí propone burlar la muerte lenta, tomando frases del burlador de Tirso y de Lope. Y enlaza con el tema del *fantasma*.

Insistirá sobre ello en otros sitios, a propósito de la *sombra*, a partir de las referencias a Lope y Calderón. Gusto de la muerte en el teatro lopesco; el arte "rompe el hechizo oscuro de la muerte" con la luz.[70]

Y en *La corteza de la letra*.[71] También en otros artículos tempranos se refiere a la inevitabilidad de la muerte cierta.[72] Y en *La cabeza a pájaros* (1925-30): "No es la muerte, sino una idea de la muerte, lo que le inquieta".[73]

La poesía se plantea como una interrogación sobre la muerte.[74] En ese mismo sitio, a propósito de Dante y de unos versos de Darío sobre él: "el camino de la vida es el camino de la muerte", dice Bergamín.[75] El poeta se siente desterrado de la vida; la verdadera vida comienza en el lindero de la muerte.[76]

---

[67] *Mangas...*, p. 136.
[68] Cfr. *España en su laberinto teatral del siglo XVII (Mangas y capirotes)*, cito ahora por esta edición más antigua, pp. 85-87.
[69] *España en su laberinto...*, pp. 88-89.
[70] *España en su laberinto...*, p. 167 y 169-171.
[71] *La corteza de la letra*, pp. 81-82.
[72] *El pensamiento de un esqueleto*, vol. I, p. 20; ibíd. vol. II, pp. 120-123; ibíd. vol. III, pp. 34-35.
[73] *El cohete y la estrella. La cabeza a pájaros*, ed. cit. p. 94.
[74] *Fronteras infernales de la poesía*, p. 9.
[75] *Op. cit.*, p. 33.
[76] *Op. cit.*, pp. 36-37.

En otra parte el poeta, como Dante y Baudelaire, escucha la melodiosa voz de la muerte, en frase de Ausias March. Y de la contemplación de la muerte pasa a la de Dios. De la reflexión del hombre sobre sí mismo (Petrarca) nace la poesía, de la reflexión sobre el propio ser.[77] La muerte no pasa, se queda; en Cervantes no se siente venir la muerte. Disparates llenos de valentía que la poesía española de Cervantes, Lope y Santa Teresa, ha dicho contra ella ("por qué el placer de morir"; "que no se sienta venir").[78] El tema de los *huesos* y del *esqueleto* premonitorios de la muerte, lo toma de unas frases de Quevedo.[79]

En fin, no cabe duda de que el tema de la muerte es el centro de la poesía de Bergamín. Lo que la dota de su peculiar dimensión de profundidad.

## 4.3. *La propia muerte*

La idea de la propia muerte es una variante importante respecto al tema a que nos referíamos antes. El poeta contempla esta propia muerte con distancia y diría casi que con delectación macabra, aportando una lección de gusto barroco acerca de la futilidad de todo lo que existe, incluidos nosotros mismos. De este modo se nos enfrenta, no con la muerte en sentido general y distante, sino con la peculiar, pequeña, minúscula, verdadera, cierta muerte nuestra, la muerte propia.

En *Cristal del tiempo* se contiene un texto que explica el tema de los *huesos* y de la *propia muerte.*[80] Y en *De una España peregrina* se refiere al pensamiento esqueletizado, temeroso desasosiego, en unos versos

---

[77] *Beltenebros...,* pp. 57-58, p. 59, p. 62.

[78] *Beltenebros...,* pp. 245-48.

[79] *Beltenebros,* pp. 249-250. Cfr. tb. *El pensamiento perdido* pp. 141-142, sobre el tema de la muerte en el cristianismo. Y *El epistolario...,* p. 61, sobre el silencio de la muerte.

[80] *Cristal...,* pp. 258-259.

de Unamuno, los últimos que escribió antes de morir, y
menciona "al propio muerto que fui yo", la propia
muerte en Unamuno.[81]

En otro sitio comenta una frase de un cementerio
católico: "Medido está tu tiempo y presuroso vuela, ¡ay
de ti, eternamente, si lo pierdes!", y se refiere a la pos-
teridad.[82]

## 4.4. *El silencio*

Bergamín trata acerca del silencio a propósito de
diversos aspectos, por ejemplo de la pintura de Velázquez, aplicable a su poesía.[83] Y de ahí pasa, por asociación de ideas, a Cervantes.

En su poesía hay numerosas referencias a este asunto,
por cuanto su palabra poética nace de la ultimidad y
linde con lo inefable.

El silencio trae presagios, inminencias de lo invisible,
voces sin voz que sugieren. Soledad, sonido y silencio.
El silencio como contemplación callada y quieta. Los
sentimientos de Bergamín son existenciales —muerte,
soledad, desesperanza, etc.— pero despojados de
angustia y de tensión. El silencio dota a la poesía
de Bergamín de una serenidad eterna, como las aguas de
un lago.

## 4.5. *El tiempo*

En *Antes de ayer y pasado mañana* se contiene una
precisa definición de este tema, a propósito de la frase
de Quevedo, muy bellamente glosada, "¿Quién oyó las
pisadas de los días?"[84]

---

[81] *De una España peregrina* pp. 81-82.
[82] *Beltenebros...*, pp. 170 y 171-172.
[83] *Lázaro...*, pp. 148-50. Lo repetirá en 1974.
[84] *Antes de ayer...*, p. 13.

Este tema del paso del tiempo tiene en su obra una raigambre clásica evidente, pero también una cierta huella azoriniana.[85]

Es el *tiempo* el otro gran tema de Bergamín, tratado también obsesivamente. La eternidad y el sueño de la vida y de la muerte van asociados a él. Son temas barrocos, existenciales, de poeta cristiano. Temas importantes, metafísicos, de gran actualidad. Hoy que hemos abandonado la metafísica por la filosofía de la ciencia y la filosofía del lenguaje, reconocemos sin embargo la profundidad y valía inusual de estas meditaciones líricas, que muestran la insuficiencia de nuestra visión pragmática del mundo.

En ese libro, más adelante, indica: "Justamente lo que intenta el pintor, como el poeta, es aprisionar el tiempo sin matarlo".

De aquí al tema del *instante* y el momento eterno.[86]

Posiblemente la poesía de Bergamín busca provocar en nosotros la reacción ante un fogonazo, un destello intenso que nos deja, con la levedad de lo momentáneo, una impresión poética en el alma; por eso es tan breve su verso.

### 4.6. *La angustia*

Se refiere en *El pozo de la angustia*, que versa todo él sobre este tema, a la angustia cristiana de santa Catalina de Génova, santa Teresa de Ávila, santa Teresa de Lisieux... hasta la de Unamuno, que procede de Kierkegaard y Pascal en su agonismo: "En todos estos pensamientos nos acecha la misma ansiedad fugitiva: ¿el paso del *ser* frente a su *nada*?"[87]

La influencia va de Pascal a Heidegger.

[85] *Antes de ayer...*, p. 14.
[86] *Antes de ayer...*, pp. 14-16, y pp. 25-29, pp. 63-65. Cfr. también *Lázaro...*, p. 174.
[87] *El pozo...*, p. 21.

## 4.7. *Infancia*

Dice Bergamín en *Antes de ayer y pasado mañana*: "El poeta es quien conserva toda la vida un niño, una niñez prodigiosa dentro de sí que le hace ver y sentir el mundo (...)"[88]

Por otro lado, su apología de la visión del niño es herencia de Juan Ramón, y también de la mística española.

En *La decadencia del analfabetismo* critica la cultura y la contrapone a la visión analfabeta del niño.[89] Al defender en este texto epatante el analfabetismo frente a la cultura, está manifestando por un lado su radical inconformismo con todo; por otro se explica por qué suele escribir en metros populares. Además defiende la inmediatez del sentimiento en el niño y en el hombre de pueblo, que asocia e identifica. Para él analfabetismo es "vida espiritual imaginativa".

Su poesía se refiere a la infancia y a los recuerdos del ayer. La infancia como tema místico. Y la vida como un juego en que todo está perdido.

## 4.8. *Religión. Dios. El Diablo*

"Dios es lejanía. Dios es intimidad", escribe.[90] Para el hombre religioso, nos dice, detrás del espejo está Dios y no la nada.[91]

En plena guerra nuestro autor encontraba ocasión de referirse a la pintura de Goya, en *Hora de España* (1937),[92] y mencionar el tema religioso de las represen-

---

[88] *Antes...*, p. 52.

[89] Cfr. la ed. más reciente *La importancia del demonio y...*, pp. 30-55.

[90] *La importancia...*, p. 74.

[91] *De una España peregrina*, p. 56.

[92] Cfr. *Cristal...*, pp. 88-104. Sobre la pintura cfr. tb. *Antes de ayer...*, p. 167, p. 177; *La corteza...*, p. 49 y pp. 76-77; *El*

taciones de Cristo, entre ellas la de Velázquez que relaciona con la obra de Cervantes siempre.[93] A este respecto recuérdense sus primeros versos, "Tres sonetos a Cristo crucificado ante el mar".[94]

El catolicismo de Bergamín se muestra profundamente progresista.

Unido a todo ello, el subtema del *Demonio*, que tanto le interesa.[95] Es un tratamiento sorprendente de este aspecto, aunque dotado de innegable belleza.

Considera que todas las metafísicas, de Aristóteles a Hegel, son "unas lógicas del Demonio". Y define la fe como medio de salvar el tema del Demonio.[96] El Infierno aparece como la Nada del ateo.

En la España de 1974 en que se reedita el libro, originalmente aparecido en las ediciones de Cruz y Raya (1961), debían de llamar la atención ya estas afirmaciones.

Leer a Bergamín, podemos comprobarlo, es volver al mundo de la metafísica que la mentalidad moderna ha abandonado. En este sentido, más que una reflexión, el ensayo de Bergamín es una figuración especulativa, una maginación.

Indica el arte de burlar al Demonio que tiene el pueblo.[97] Y afirma que la revolución es Dios, mientras que el Diablo está contra el pueblo.[98]

En otro libro se refiere a Satán divinizado por los románticos.[99] Y recoge la definición de Víctor Hugo del Diablo: "la multiplicidad del mal unida por la sombra".[100]

---

*pensamiento de un esqueleto* pp. 109-10, con una importante definición de lo que es arte.

[93] *Antes de ayer...*, pp. 193-196.
[94] *Prólogos epilogales*, p. 148 y n. 38.
[95] *La importancia...*, p. 109.
[96] *La importancia...*, p. 114, p. 117. Cfr. tb. pp. 118-120.
[97] *La importancia...*, pp. 131-132.
[98] *Beltenebros...*, p. 102.
[99] *Lázaro...*, pp. 165-166.
[100] *Al fin...*, p. 269.

También busca referencias poéticas al tema del Infierno.[101]

En *El clavo ardiendo* hay una completa exposición del tema religioso, con una defensa del ecumenismo de Pablo VI.[102] Pero al mismo tiempo, en *El pensamiento perdido* se contiene un tremendo ataque a la jerarquía reaccionaria de la Iglesia y a los obispos españoles que predicaron la santa cruzada de la Guerra Civil. Opone a la religión de los nacionales, el testimonio de d'Aurevilly, Unamuno y Gilson, en contra del clericalismo y a favor de la religión verdaderamente sentida. Incluso asocia anarquismo y cristianismo como formas marginales de vida, en contra de la corrupción de la Iglesia institucionalizada.[103] Busca una religión unida al pueblo, elogiando a nuestros místicos y poetas del siglo de oro.[104]

Llega a justificar, por la corrupción de la parroquia, el incendio durante la República de la iglesia de San Luis, en Madrid.[105] Y asocia cierto anarquismo al cristianismo, a propósito de Don Quijote y Santa Teresa.[106]

Insiste en su adhesión de fidelidad a la Iglesia, pero a la verdadera, la que no se corrompe políticamente.[106]

En *El cohete y la estrella*, su primer libro, se contienen numerosos aforismos sobre la religión: "Poca sensualidad nos aparta de Dios; mucha nos lleva".[108] "La sensualidad sin amor es pecado; el amor sin sensualidad es peor que pecado."[109] "Sensualidad: miraje místico. Misticismo: miraje sensual."[110] La mujer no sobra en la iglesia, porque forma parte del culto."[111]

---

[101] *Fronteras...*, pp. 22-23.
[102] *El clavo...*, p. 65.
[103] *El pensamiento perdido*, pp. 13 ss, pp. 44-47.
[104] *El pensamiento perdido*, pp. 107-129.
[105] *Op. cit.*, pp. 49-51.
[106] *Op. cit.*, pp. 55-56.
[107] *Op. cit.*, pp. 87-90.
[108] *El cohete...*, p. 63.
[109] *Op. cit.*, p. 63.
[110] *Op. cit.*, p. 63.
[111] *Op. cit.*, p. 65.

Hay muchos aforismos de este libro sobre el tema de la fe y la duda, la necesidad de la duda para creer.[112] Sobre el silencio de Dios.[113] Y sobre el gallo y la fe, el gallo republicano.[114]

En fin, la poesía de José Bergamín constituye una profunda indagación del *yo*, expresada en versos de rima asonante y corta extensión, que buscan dejar una impresión en el corazón del lector. Constituyen un apunte, una sugerencia, un pensamiento breve que se siembra en el verso. Lo que Bécquer hubiera querido de haber vivido en el siglo XX.

Bergamín es un contemplativo y su poesía transmite una infinita sensación de profunda serenidad, pese a que nazca de un desasosiego existencial interno ante la contingente caducidad humana.

Resulta curioso que un escritor tan religioso, haya escrito tan pocos poemas que se refieran directamente a Dios.[115]

Bergamín lleva el pensamiento barroco calderoniano a un extremo. No es que la vida sea tránsito hacia otra vida, es que la vida es sólo un sueño, pura nada, anonadamiento. Y de la otra realidad, tampoco sabemos nada.

Si en su ensayo se refleja el pensador religioso y cristiano —progresista cristiano—, en su poesía, con toda la serenidad espiritual de un místico contemplativo, la reflexión sobre la ultimidad de la existencia sólo conduce a la afirmación de la muerte inevitable y omnipresente, nunca a una ilusión o una esperanza de otra vida. Como si el pensador creyera en algo de lo que el poeta no está seguro o al menos no llega a intuir.

Respecto a nuestra edición debe advertirse somos

---

[112] *Op. cit.,* pp. 93-95.

[113] *Op. cit.,* p. 117.

[114] *Op. cit.,* pp. 134-35.

[115] Un caso raro, en este sentido, es *Poesía* I, 151, donde cuestiona a Dios con preguntas, sin mencionarlo, y concluye que "la vida es un puro / anonadamiento". Otra referencia a Dios en ibíd., vol. I, 171.

conscientes de que el progresismo de Bergamín —patente sobre todo en sus artículos— puede quedar un tanto diluido en el ámbito de una poesía de esencialidad intemporal, que es la que escribe. Hemos intentado ser siempre fieles al pensamiento poético de este singular autor, expresado en las redes temáticas de su poesía y ensayo, que poseen un carácter más esencialista.

### 4.9. *El amor*

Hay escasas referencias al amor en el ensayo de Bergamín.[116] Pero en su poesía está ampliamente tratado. El amor y la muerte son los dos temas fundamentales de nuestro poeta. Los encuentros y desencuentros amorosos son profundizados con mano delicada, muchas veces glosando a otros poetas clásicos, desde Dante a Lope pasando por Apollinaire.

Si bien los inicios de la poesía de Bergamín son de un cierto narcisismo juanramoniano, luego acepta el tema del *tú*, más allá de la indagación en el propio yo, sobre todo a partir de *La claridad desierta*, que representa una primera madurez poética. El *yo* necesita completarse en la compañía de la persona amada.[117]

Cuando el amor luce, nada importa que aboquemos a la nada de la muerte, porque se exalta el instante eterno de felicidad intensa que sólo puede conseguirse a través de la iluminación mística del amor, en la claridad desierta en que yace toda la realidad en silencio.[118]

El amor en Bergamín siempre bordea el vacío, y es una defensa importante frente a la realidad de esa nada. El existencialismo de Bergamín, muy influido desde su juventud de *Cruz y Raya* por Heidegger, más aún por Unamuno, Kierkegaard y Pascal, no parte de una visión angustiosa y obsesiva, tensa, de la nada, sino de una

---

[116] Cfr. *Fronteras...*, p. 61.
[117] *Poesía*, II, 39.
[118] *Poesía*, II, 42.

aceptación serena del fin de la muerte, acorde con su pensamiento cristiano. Y el amor es el arma fundamental ante la muerte. El amor siempre bordea ese silencio de la ultimidad de la vida humana. El amor está más allá de la muerte.[119] La lejanía del tú y el yo se abole en el amor, donde ambos se tocan, suprimiendo la distancia, la alteridad, y permiten percibir un imposible infinito. Son huellas del pensamiento romántico y posromántico becqueriano.

Hay que recordar que, en los últimos años de su vida, Bergamín era un seductor, siempre rodeado de bellas muchachas jovencísimas, a las que luego dedicaba sus poemas.

## 4.10. *La poesía*

Bergamín se preocupa en su poesía y ensayo sobre la palabra poética, en reflexión metaliteraria.[120]

En *Prólogos epilogales* se refiere al fantasma a propósito de Juan Ramón y Salinas, en un artículo de 1934 en *La Luz*.[121] Ya en 1929 consideraba que la poesía es verdad, no un fantasma.[122] Y afirma:

> que la poesía es verdad, que no es un estético artificio ilusorio; porque no es sombra, ni fantasma, sino verdad la más insospechada, la más pura.[123]

Concibe la poesía como *verdad*. Insiste en el siguiente artículo: "Este amor que inventamos. Verdad

---

[119] *Poesía*, IV, 58.
[120] Sobre la palabra poética en Bergamín cfr. *Poesía*: II, 129 —bello poema en que se imagina el poeta está siendo leído en otro tiempo—; II, 195 —al poeta no le queda nada, sólo palabras.
[121] *La Luz*, 30 de enero de 1934.
[122] En *Prólogos...*, p. 13, artículo de *La Gaceta Literaria* núm. 51, 1-2-1929
[123] *Prólogos...*, p. 18.

de poesía."[124] En ese artículo se refiere en frase de Salinas al "afanoso sueño / de sombras", que luego desarrollará nuestro autor en su obra lírica, y lo une al tema de la sombra y la muerte a propósito de Orfeo y el infierno. Toda la constelación de temas bergaminianos parece estar contenida en este artículo de 1934.

En *Prólogos epilogales* se encuentra un prólogo de Bergamín a la obra de Unamuno *Cuenca ibérica (lenguaje y paisaje)* (1943),[125] que es la poética y fe literaria de nuestro autor. Bergamín se identifica con Unamuno de quien dice que escribe para "exprimir su sed de verdad".[126]

El tema de la palabra poética se encuentra frecuentemente en el ensayo bergaminiano que intenta explicarse y explicar su obra de creación.[127]


4.11. *El fantasma. El esqueleto. Otros temas*

Un tema fundamental en la obra poética de Bergamín es el del *fantasma*.

Posiblemente el origen de este concepto se encuentra en su propia biografía de exilado desarraigado. A partir de aquí nuestro autor insistirá una y otra vez en el tema del fantasma de sí mismo.[128]

Este aspecto está profusamente tratado, tanto en la poesía como en la prosa bergaminiana.

Unido a todo ello, el tema del *esqueleto*, porque el poeta se siente un animado muerto del que sólo se oye el rechinar de huesos. Es la proximidad del hombre, en

---

[124] *Prólogos...*, pp. 21-25, en *La Luz*, 6-2-1934.

[125] Miguel de Unamuno, *Cuenca ibérica (lenguaje y paisaje)*, México, Séneca, 1943.

[126] *Prólogos...*, pp. 91-92.

[127] Cfr. *Aforismos...*, pp. 40-41; ibíd. p. 48 —la poesía no es nunca Yo—; *De una España peregrina* sobre el "duende" que tiene Andalucía, pp. 161-77, la Andalucía duendística y musarañera, la soledad del andaluz que necesita estar siempre acompañado.

[128] Cfr. por ej. *Poesía*: III, 192 y V, 57.

su constitución física última, a la muerte. El hombre lleva dentro de sí mismo, en su esqueleto, un atisbo y presagio de su fin inevitable, de la existencia de la muerte. Por ello somos como fantasmas que viven un sueño, sombras que se deslizan por la vida, seres inasibles, inaprensibles, porque todo —también nuestro cuerpo y nuestra alma, nuestro esqueleto y nuestro ser fantasmal— se desvanece.

Pero frente a la inevitable, reiterada, obsesiva, imperiosa e ineluctable muerte, nuestro autor adoptará la actitud del torero.

"Porque la vida es larga y el arte es un juguete":[129] aquí está resumida toda la actitud de Bergamín ante la vida y la poesía.

\* \* \*

Hay otros temas interesantes en su poesía, por ejemplo el concepto de realidad, la naturaleza, la sombra, la noche, etc.

Bergamín glosa y escribe sobre lo ya escrito. Su poesía es un homenaje que conecta con la línea de la tradición clásica a la que venera y a la que actualiza con una visión moderna. Constituye así una reflexión de la palabra escrita —su palabra— sobre la que escribieron los grandes clásicos, predominantemente españoles. A veces, de la glosa pasa incluso a la paráfrasis de versos muy bellos que nos invita a degustar.

Temas como la soledad, que siente profundamente. España. Madrid. El peregrino. La música.

Mención especial merece el tema del *toreo*, en reflexiones ensayísticas singularmente simbólicas: el hombre debe torear, burlar y birlar la vida y la muerte, comportarse como un torero. Frente al superhombre nietzscheano con su reacción descomunal ante la desgracia, la postura grácil, española, del torero. Gerardo Diego, Lorca, Alberti, compartieron de otro modo esta

---

[129] *De una España peregrina*, pp. 93-94.

afición a lo taurino, que Bergamín expresa más profundamente, elevándola a una nueva dimensión interpretativa.

En fin, más que textos de tauromaquia, los de Bergamín semejan los de un filósofo que nos hablara de la vida misma a propósito del tema de los toros.

En los símbolos todos de Bergamín hay una tensión de lo material a lo inmaterial. Una pregunta por el fin y la finalidad del hombre, que es lo inmaterial: convertirse en un sueño.

La poesía de Bergamín constituye un microcosmos simbólico, un pequeño código autónomo de elementos poco numerosos y constantemente reiterados en situaciones distintas. Cada poema juega con estos elementos que forman parte del lenguaje poético del autor, repitiendo insistentemente el mismo mensaje, aunque surgiendo de una experiencia vital bien distinta. Son como infinitas variaciones sobre un mismo tema. Hay una genial habilidad en nuestro autor para jugar con este pequeño universo imaginario —que diría Richard— y extraer de él una inagotable variedad de significados.

La caída de la hoja es tratada por ejemplo de manera muy diferente en *Rimas* y *Del otoño y los mirlos* que en *La claridad desierta*.[130]

Pero en general este juego de variantes sinfónicas define todos los grandes temas de nuestro poeta. Éste adopta una actitud de contemplación ante todo lo que le rodea, de donde surge una postura serena de aceptación de la muerte sobre cuyo sentido se interroga.

La poesía de Bergamín, con su sereno equilibrio, oculta un sinfín de interrogantes e inquietantes cuestiones acerca de la ultimidad de la vida humana y su Destino. Y al mismo tiempo surge siempre de una

---

[130] Cfr. *Poesía*, II, 49: la caída de la hoja no es aquí el paso del tiempo, sino la pérdida de un amor que ha pasado. Cfr. también *Poesía*, III, 105: el tema del silencio se convierte en el tema del amor.

experiencia vital teñida de sentimiento, expresada en la suave tersura de unos versos sugerentes, que apuntan, despiertan ecos infinitos en la mente y el corazón del lector.[131]

DIEGO MARTÍNEZ TORRÓN

[131] La edición que el lector tiene en sus manos parte de un planteamiento coherente, tanto en el estudio preliminar como en la anotación, con los criterios metodológicos que expliqué en el extenso prefacio a mi *Ideología y literatura en Alberto Lista* (Sevilla, Alfar, 1993, pp. 9-21), basándome en un replanteamiento de la crítica temática, con atención a los contenidos ideológicos de la obra literaria, fijando las categorías interpretativas que se deducen de los textos del propio autor, y con atención a la documentación objetiva. Identifico miméticamente mi pensamiento con dichas categorías interpretativas presentes en Bergamín, cuya poesía ha influido en la mía propia.

# BIBLIOGRAFÍA
## DE BERGAMÍN[1]

POESIA

*Tres sonetos a Cristo Crucificado ante el mar. Rimas y sonetos rezagados*, Madrid, Renuevos de Cruz y Raya, 1962. (Los *Tres sonetos...* aparecieron sueltos, no como libro, inicialmente en *Hora de España*, Barcelona, núm. XX, agosto 1938, pp. 45-47. Para una relación de la aparición de los primeros poemas bergaminianos cfr. *Poesía* vol. 1 [1988, 2.ª ed.] pp. 96-100, notas de G. Penalva.)

*Duendecitos y coplas*, Madrid, Renuevos de Cruz y Raya, 1963.

*La claridad desierta*, Málaga, Litoral, 1968, número extra núm. 37-40.

*Del otoño y los mirlos*, Barcelona, Editorial R.M., 1975.

*Apartada orilla*, Madrid, Turner, 1976.

*Velado desvelo*, Madrid, Turner, 1978.

*Por debajo del sueño. Antología poética*, Málaga, Litoral, 1979; 2.ª ed., Málaga, Litoral-UNESCO, 1995.

*Poesías casi completas*, Madrid, Alianza, 1980 (Libro de Bolsillo, 756).

Rafael Alberti-José Bergamín, *Correspondencia en verso (inédita), Roma-Madrid. De X a X*, en la revista *Litoral*, núms. 109-111, Málaga, 1982. (Contiene también el facsímil de *Caracteres* (1926).)

---

[1] Cfr. Carlos Gurméndez, *El Libro Español, op. cit.,* luego, a quien completo y corrijo. Utilizo también los repertorios de la *MLA* y muchas aportaciones bibliográficas personales.

*Esperando la mano de nieve*, Madrid, Turner, 1982.

*Poesía*, Madrid, Turner, 1983-1984, siete volúmenes. Segunda edición ampliada del primero en 1988, por Gonzalo Penalva, con 25 sonetos no publicados en la edición anterior y nuevo orden cronológico y reseña bibliográfica de los lugares en que aparecieron originalmente los poemas.

Los vols. de esta edición fundamental son: I, *Sonetos. Rimas. Del otoño y los mirlos* (1983); II, *La claridad desierta* (1983); III, *Apartada orilla* (1983); IV, *velado desvelo* (1983); V, *Esperando la mano de nieve* (1983); VI, *Canto rodado* (1984); VII, *Hora última* (1984). (Cito aquí por *Poesía...*)

TEATRO

*La muerte burlada,* México, Séneca, 1945.

*La hija de Dios*, México, Séneca, 1940. Otra ed., Madrid, Hispamarca, 1978.

*La niña guerrillera*, México, M. Altolaguirre ed., 1945, junto a *La hija de Dios*, reeditadas ambas recientemente en facsímil en Madrid, Turner, 1978. Otra edición de *La niña guerrillera*, Montevideo, Retablillo Español, 1953.

*¿Adónde iré que no tiemble?*, la *Revista de Guatemala*, 2.ª época (Guatemala), núm. 1, abril-junio 1951.

*Melusina y el espejo*, Montevideo, Escritura, 1952.

*Medea la encantadora*, Montevideo, Entregas de La Licorne, 1953. Reeditada en *Primer Acto*, Madrid, núm. 44, febrero 1963.

*Los tejados de Madrid o el amor anduvo a gatas*, primer *Acto*, Madrid, núm. 21, marzo 1961.

*Los filólogos*, Madrid, Turner, 1978.

*La sangre de Antígona,* misterio en tres actos. *La cama, tumba del sueño o el dormitorio* (2.ª versión). Revista *Primer Acto,* Madrid, núm. 198, 2.ª época, abril 1983.

TEATRO AFORÍSTICO

*Tres escenas de ángulo recto*, Madrid, Índice, 1925. Reeditada en *La risa en los huesos*, Madrid, Nostromo, 1974, pp. 9-36, junto a *Enemigo que huye.*

BALLETS

*Don Lindo de Almería*, estrenado en México, enero de 1940. Editado en Valencia, Pre-Textos, 1988, nota preliminar de Nigel Dennis. (Cito por *Don Lindo...*)
*La madrugada del panadero*, en colaboración con Rodolfo Halffter, Disco marca Ensayo, Ministerio de Cultura, Madrid.

AFORISMOS

*El cohete y la estrella*, Madrid, Índice, 1923. Reed. recientemente junto a *La cabeza a pájaros*, por José Esteban (ed.), Madrid, Cátedra, 1981 (Letras Hispánicas 138), edición criticada por Dennis, por cuanto no tiene en cuenta el texto de la primera, más amplio, sino *El caballito del diablo* (Buenos Aires, Losada, 1942), nuevo título de las dos obras citadas, que además incluía *Caracteres*. El citado libro de Esteban contiene bibliografía. (Cito aquí por *El cohete...*)
*Aforismos de la cabeza parlante*, Madrid, Turner, 1983. (Cito por *Aforismos...*)

PROSA Y ENSAYO

*Caracteres*, Málaga, separata de la revista *Litoral*, 1926. Reed. facsímil, con prólogo inédito de Bergamín donde aclara algunos de estos retratos, Madrid, Turner, 1978.
*Enemigo que huye, Polifumo y coloquio espiritual (1925-1926)*, Madrid, Biblioteca Nueva, 1927 (impreso en Segovia).
*La cabeza a pájaros*, Madrid, Plutarco, 1929; Madrid, Cruz y Raya, 1934
*El arte de birlibirloque*, Madrid, Plutarco, 1930. Segunda ed. México, Stylo, 1944, con *La estatua de Don Tancredo* y *El mundo por montera*. Reeditado en Madrid, Turner, 1985.
*Mangas y capirotes*, Madrid, Plutarco, 1933. Segunda ed. luego cit. *España en su laberinto teatral del siglo XVII*, Buenos Aires, Argos, 1950. Tercera ed. con título original en Madrid, Centro, 1974.
*La estatua de Don Tancredo*, Madrid, Cruz y Raya, 1934.
Santa Catalina: *Tratado del Purgatorio*, trad. y notas de J. B., Madrid, Cruz y Raya, 1935; 2.ª ed., México, Séneca, 1941.

Santa Catalina: *Tratado del Purgatorio*, trad. y notas de J. B., Madrid, Cruz y Raya, 1935; 2.ª ed., México, Séneca, 1941.

*Disparadero español*, Madrid, Editorial Cruz y Raya, 1936, 2 vols.; tercer volumen publ. en México, Séneca, 1940. Primer vol.: *La más leve idea de Lope (Lope, suelo y vuelo de España. Un verso de Lope y Lope en un verso. Lope, siguiendo el dictamen del aire que lo dibuja)*; segundo vol.: *Presencia del espíritu (La importancia del demonio. La decadencia del analfabetismo. El pensamiento hermético de las artes. Un lenguaje de fuego de la pintura)*; tercer vol.: *El alma en un hilo*. Se transformó en *Beltenebros y otros ensayos sobre literatura española*, Barcelona, 1973, citado luego. (Cito por *Beltenebros...* de la ed. de 1973.)

*El pozo de la angustia*, México, Séneca, 1941. Reeditado en Barcelona, Anthropos, 1985, con prólogo de Carlos Gurméndez, con bio-bibliografía pp. 83-91. Se encuentra incluido este libro de Bergamín en *El pensamiento perdido*, Madrid, Adra, 1976. (Cito por la edición de Anthropos, *El pozo...*)

*Detrás de la cruz. Terrorismo y persecución religiosa en España*, México, Séneca, 1941. Reeditado en *El pensamiento perdido*.

*El pasajero. Peregrino español en América*, México, Séneca, 1943, 3 vols.

*La voz apagada*, México, Séneca, 1943; 2.ª ed., La Habana, Consejo de Cultura, 1964.

*Ahora que me acuerdo* (Memorias), Montevideo, Entregas de Licorne, 1953.

*Porque el diablo tiene cuernos*, Buenos Aires, Losada, 1948.

*España en su laberinto teatral del siglo XVII (Mangas y capirotes)*, Buenos Aires, Argos, 1950 (reimpreso en 1974 por ed. del Centro, Madrid, como *Mangas y capirotes*). (Incluye epílogo de Unamuno, comentario a *El cohete y la estrella* publicado en la revista *Nuevo Mundo* de 7 de marzo de 1924). (Cito este libro como *España en su laberinto...*)

*Fronteras infernales de la poesía. (Shakespeare, Cervantes, Quevedo)*, Montevideo, Universidad de la República, 1954. Luego en Madrid, Taurus, 1959, ed. por la que cito: ver *infra*.

*La corteza de la letra*, Buenos Aires, Losada, 1958. Reeditado como *Calderón y cierra España*, Barcelona, Planeta, 1979. (Cito la primera edición como *La corteza...*)

*Fronteras infernales de la poesía*, Madrid, Taurus, 1959. (Cito por *Fronteras...*)

*El arte de birlibirloque. La estatua de Don Tancredo. El mundo por montera*, Madrid, Renuevos de Cruz y Raya, 1961.

*La decadencia del analfabetismo. La importancia del demonio*, Madrid, Cruz y Raya, 1961.

*Al volver*, Barcelona, Seix Barral, 1962. Reeditado como *Antes de ayer y pasado mañana*, Barcelona, Seix Barral, 1974.

*De una España peregrina*, Barcelona, Al Borak, 1972. (Cito por *De una España...*).

*Le clou brulant*, París, Plon, 1972.

*Beltenebros y otros ensayos sobre literatura española*, Barcelona, Noguer, 1973. (Cito por *Beltenebros...*)

*La importancia del demonio y otras cosas sin importancia*, Madrid, Júcar, 1974. (Editado antes como *La decadencia del analfabetismo* en *Cruz y Raya* núm. 3, 15 junio 1933 y *La importancia del demonio* en *Cruz y Raya* núm. 5, 15 agosto 1933; ambos en libro luego en Chile/Madrid, Cruz del Sur, 1961, Renuevos de Cruz y Raya. La edición de Júcar que utilizo contiene más ensayos que ésta). (Cito por *La importancia...*)

*El clavo ardiendo*, Barcelona, Aymá, 1974. (Trad. de la ed. francesa cit. *supra*). (Cito por *Clavo...*).

*Antes de ayer y pasado mañana*, Barcelona, Seix Barral, 1974 (es *Al volver* con otro título). (Cito por *Antes de ayer...*).

*Mangas y capirotes*, Madrid, Ed. del Centro, 1974. (Incluye pp. 7-12, el prólogo de Pablo Landsberg de París, 1939, a la edición traducida al alemán de *Don Tancredo y Don Quijote* de J. B., que se editó en Suiza, Vita Nova, 1940 con el título de *España eterna*). (Cito por *Mangas...*).

*Ilustración y defensa del toreo*, Málaga, Litoral, 1974. (Contiene: *El arte de birlibirloque* (1930), luego también en Madrid, Turner, 1985; *La estatua de Don Tancredo* (*Cruz y Raya*, 1934), traducido con el título de *España eterna*, Suiza, Vita Nova, 1940, pról. de Pablo L. Landsberg que se reproduce también en el número de homenaje de Litoral *La claridad desierta*, libro de poemas entonces inédito); y *El mundo por montera*).

*El pensamiento perdido*, Madrid, Adra, 1977. (Cito como *El pensamiento perdido*.)

*El arte de birlibirloque*, Madrid, Turner, 1978; 2.ª ed. Turner, 1985. (Cito por *El arte...*)

*Ilustración y defensa del toreo*, Madrid, Turner, 1978. (Cito por *Ilustración...*)

*Ilustración y defensa del toreo*, Madrid, Turner, 1978. (Cito por *Ilustración...*)

*Caracteres*, Madrid, Turner, 1978.

*La confusión reinante. (Libelo)*, Madrid, Hispamarca, 1979.

*Calderón y cierra España y otros ensayos disparatados*, Barcelona, Planeta, 1979 (es *La corteza de la letra* con otro título).

*Fronteras infernales de la poesía*, Madrid, Taurus, 1980.

*La música callada del toreo*, Madrid, Turner, 1981; 2.ª ed., 1982; 3.ª ed., 1985. (Cito por *La música...*)

*Al fin y al cabo*, Madrid, Alianza, 1981. (Cito por *Al fin...*).

*Los tres Azañas burlados (Diseño epigramático)*, Madrid, Edascal, 1982.

*Cristal del tiempo (1933-1983)*. ed. de Gonzalo Santonja, Madrid, Revolución, 1983. Reeditado en 1995. (Cito por *Cristal...*)

*El pensamiento de un esqueleto. Antología periodística*, ed. de Gonzalo Penalva, Málaga, Litoral, 1984, 3 vols. (Contiene bibliografía importante de artículos de Bergamín.) (Cito como *El pensamiento de un esqueleto...*)

*Prólogos epilogales*, con nota preliminar de Nigel Dennis, Valencia, Pre-Textos, 1985. (Cito por *Prólogos...*)

*La claridad del toreo*, Madrid, Turner, 1987. (Cito por *La claridad del toreo*)

*J. B./Miguel de Unamuno. El epistolario*, ed. de Nigel Dennis, Valencia, Pre-Textos, 1993. (Con bibliografía interesante sobre la relación de B. con Unamuno, aún por estudiar, en pp. 221-23). (Cito por *El epistolario...*)

*Correspondencia J. B./Manuel de Falla*, ed. de Nigel Dennis, Valencia, Pre-Textos, 1995.

# BIBLIOGRAFÍA SELECTA
## SOBRE BERGAMÍN

Ainsa, Fernando: "El exilio español en Uruguay: testimonio de un niño de la guerra", *Cuadernos Hispanoamericanos*, nov.-dic. 1989, vol. 473-474, pp. 159-69.

Alberti, Rafael, *La arboleda perdida*, 2.ª ed., Barcelona, 1975, pp. 203-4.

——: "Carta a J. B.", *Litoral*, 4.ª época, Málaga, núms. 37-40, marzo-junio 1973, p. 49

——: "Un poeta: J. B.", *Índice de Artes y Letras*, núm. 250, julio 1969, pp. 33-34 (sobre *Rimas y sonetos rezagados* y *Duendecitos y coplas*).

——: "Para encontrarlo: J. B.", *Ínsula*, oct. 1983, vol. 38, núm. 443, pp. 1 y 6.

Aleixandre, Vicente: "Homenaje al poeta J. B.", *Litoral*, 4.ª época, Málaga, núms. 37-40, marzo-junio 1973, pp. 35-37

Anderson, Andrew A.: "Las peripecias de *Poeta en Nueva York*", *Boletín de la Fundación Federico García Lorca*, febrero 1992, vol. 10-11, pp. 97-123.

Aranguren, José Luis: "J. B.", *El País*, 4 septiembre 1983.

Barros, José Luis: "Historia de un poema", *El País*, 10 junio 1995, suplemento *Babelia*.

*Boletín de la Fundación Federico García Lorca*, junio 1995, núm. 17. Monográfico sobre J. B.

*Camp de l'Arpa*, núm. 67-68, 1979. Monográfico sobre J. B.

Cano, José Luis: "En la muerte de J. B.", *Ínsula*, sept. 1983, v. 38, núm. 442, p. 5.

Cernuda, Luis: *La Verdad*, Murcia, núm. 59, 10 octubre 1926.

Cruz, Juan: "J. B.: 'En España me siento realmente fantasma'", *El País*, 19 abril 1978.

*Cruz y Raya. Antología*, Madrid, Turner, 1974 (Cito por *Cruz y Raya*).

Chabas, Juan: "J. B.", en *Literatura Española Contemporánea (1889-1950)*, La Habana, Cultural, 1952, pp. 582-91.

Delay, Florence: apéndice al libro de J. B. *La claridad desierta*, Málaga, Litoral, 1973, pp. 58-61 (contiene bibliografía).

Dennis, Nigel: "Rafael Alberti, J. B. y la Eva Gundersen de *Sobre los ángeles*", *Nueva Estafeta*, febrero 1980, núm. 15, pp. 60-70.

——: "El neobarroquismo en la prosa española de pre-guerra: el caso de J. B.", *Revista de Occidente*, junio 1982, núm. 14, pp. 85-96. (Doblete en *Cuadernos Americanos*, sept.-oct. 1984, v. 5, núm. 256, pp. 144-61.)

——: *El aposento en el aire: Introducción a la poesía de J. B.*, Valencia, Pre-Textos, 1983. (Cito aquí por *Aposento...*)

——: "J. B. dramaturgo: apuntes sobre la antifilología", *Cuadernos Hispanoamericanos*, núm. 409, julio 1984, pp. 111-17.

——: *Perfume and Poison: A Study of the Relationship between J. B. and Juan Ramón*, Kassel, Reichenberger, 1985, 159 pp. (Cito aquí por *Perfume...*)

——: *J. B.: A Critical Introduction 1920-1936*, Toronto/Buffalo/London, University of Toronto Press, 1986. (Con bibliografía interesante para este período 1920-36.) (Cito aquí por *A Critical...*)

——: "La *Revista de Occidente* y *Cruz y Raya*: Ortega y B.", *Revista de Occidente*, mayo 1987, vol. 72, pp. 41-62.

——: (ed.), *En torno a la poesía de J. B.*, Lérida, Universidad de Lérida, 1995. (Con artículos de F. J. Díez de Revenga (pp. 238-59), Londero, Wing etc.)

*El Ciervo*, núm. de agosto de 1995, monográfico sobre J. B.

Espina, Antonio: "J. B. y su obra poética", *Revista de Occidente*, núm. 64, julio 1968.

Esteban, José: "El poeta J. B.", *Ínsula*, oct. 1983, vol. 38, núm. 443, p. 3.

——: (ed.), J. B., *El cohete y la estrella. La cabeza a pájaros*, Madrid, Cátedra, 1981 (Letras Hispánicas, 138). (Cito aquí por *El cohete...*)

García de la Concha, Víctor: *Epoca contemporánea: 1914-1936*, vol. 7 de la *Historia y crítica de la literatura española*, Barcelona, Crítica, 1984, pp. 535-536.

García Lorca, Federico: "Carta a J. B.", *Obras completas*, 18.ª ed., Madrid, 1973, vol. II.

Garrison, David: "Tradition and the Individual Talent of J. B.:

*Esperando la mano de nieve*", *Hispania: A Journal Devoted to the Interest of the Teaching of Spanish and Portuguese*, dic. 1988, vol. 71, núm. 4, pp. 793-797.

Gaya, Ramón: "Epílogo para un libro de J. B.", en *Litoral*, cuarta época, núms. 37-40, marzo-junio 1973, pp. 209-214.

Geist, Anthony Leo: *La poética de la generación del 27 y las revistas literarias: de la vanguardia al compromiso (1918-1936)*, Madrid, Guadarrama, 1980 (Punto Omega, 258).

Gentile, Giuseppe, Rosa María Grillo: "Lorca e B.: Il duende analfabeta", *Atti del Convegno di Studi, Salerno, 9-10 maggio 1988*, en Dolfi, Laura (ed.), *L'imposible/posible di Federico García Lorca*, Nápoles, Edizioni Scientifiche Italiane, 1989, (Publicazioni dell'Università degli Studi di Salerno, 27) pp. 201-17.

Gómez de la Serna, Ramón: *Pombo*, Madrid, 1918. Reed. en Madrid, Trieste, 1986, pp. 72, 74, 78, 84, 97, 197, 281, 283.

González Casanova, José Antonio: *A vista de pájaro*, Madrid, Turner, 1996. (Estudio sobre JB editado cuando este libro mío estaba en prensa).

Gurméndez, Carlos: bibliografía sobre J. B., en *El Libro Español*, Madrid, núm. 304, octubre de 1983, pp. 52-54.

——: "Pensamiento dialéctico y sentimiento poético", *El País*, 10 junio 1995, suplemento *Babelia*.

*Ínsula* núm. 443, 1983, monográfico sobre J. B.

Jiménez, Juan Ramón: "J. B. (1922)", *Españoles de tres mundos*, 2.ª ed., Buenos Aires, 1958, p. 34.

Lorenzo, María Pilar: "La poesía analfabeta de J. B.", *Revue Romane*, 1990, vol. 25, núm. 2, pp. 442-53.

Mainer, José Carlos: *La edad de plata (1902-1939). Ensayo de interpretación de un proceso cultural*, Madrid, Cátedra, 1981, pp. 315-18.

March, Kathleen N.: "Dinámica del vacío en *La claridad desierta* de J. B.", *Ínsula*, mayo 1986, vol. 41, núm. 474, p. 1 y 4.

Martínez Torrón, Diego: "El sueño de la muerte en J. B.", *El País*, Suplemento de Libros, 29 enero de 1984.

Maurer, Cristopher: "En torno a dos ediciones de *Poeta en Nueva York*", *Revista Canadiense de Estudios Hispánicos*, Winter 1985, vol. 9, núm. 2, pp. 251-256.

Miro, Emilio: "La poesía de J. B.", *Ínsula*, núm. 362, enero 1977, p. 6 (sobre *Apartada orilla*).

Morreale, Margherita: "I silenzi del Cervantes visti dal saggista e dal filologo", en Bellini, Giuseppe (ed.), *Aspetti e problemi delle letterature iberiche: Studi offerti a Franco Meregalli*, Roma, Bulzoni, 1981, pp. 267-271.

## 50    BIBLIOGRAFÍA SELECTA

Pedraza Jiménez, Felipe y Milagros Rodríguez Cáceres: *Manual de Literatura Española*, Tafalla, Cénlit, 1991, vol. X, *Novecentismo y vanguardia. Introducción, prosistas y dramaturgos*, pp. 752-771.

Penalva Candela, Gonzalo: "J. B.: un enterrado vivo", *Quimera. Revista de Literatura*, nov. 1983, vol. 33, pp. 8-11.

——: "J. B.: Dolor de España", *Ínsula*, dic. 1985, vol. 40, núm. 469, pp. 13-14.

——: apéndice al libro de J. B. *Por debajo del sueño. Antología poética*, Málaga, Litoral, 1979.

——: *Tras las huellas de un fantasma. Aproximación a la vida y obra de J. B.*, Madrid, Turner, 1985 (estudio biográfico de J. B.). (Cito aquí por *Tras...*)

*Revista de Occidente*, marzo 1995, núm. 166, monográfico sobre J. B.

Roullière, Yves: "J. B.: *L'importance du démon* (1933)", *Poésie*, 1988, vol. 47, pp. 8-23.

Sabugo Abril, Amancio: "*Cruz y Raya* de J. B.", *Cuadernos Hispanoamericanos*, abril 1984, vol. 406, pp. 91-103.

Salaün, Serge: *La poesía de la guerra de España*, Madrid, Castalia, 1985, p. 17, 114, 168, 237, 318, 336, 347, 351-352, 355, 360, 362, 373.

Sanz Barajas, Jorge: "JB y el público", *Boletín de la Fundación Federico García Lorca*, junio 1995, núm. 17, pp. 41-51.

Savini, Silvana: "Tres entrevistas sobre B.", *Rassegna Iberistica*, sept. 1988, vol. 32, pp. 9-18.

Sorel, Andrés: "J. B.", *República de las Letras*, oct. 1983, vol. 8, pp. 20-21.

Suñer, Luis y César Antonio Molina: "Entrevista con J. B. 'Estoy vivo porque no tengo dónde caerme muerto.'", *Cuadernos para el Diálogo*, 17 diciembre 1977, pp. 60-63.

Torrente Ballester, Gonzalo: *Literatura Española Contemporánea*, vol. I, *Estudio crítico*, Madrid, Guadarrama, 1964, pp. 303-304.

Vivanco, Luis Felipe: "El aforismo y la creación poético-intelectual de J. B.", en G. Díaz-Plaja (ed.), *Historia General de las Literaturas Hispánicas*, Barcelona, 1949-1968, vol. VI, pp. 599-609.

Zambrano, María: "El escritor J. B.", *El Nacional* (Caracas), 9 mayo 1962.

Zambrano, María: "J. B.", *Camp de l'Arpa*, núms. 67-68, sept.-oct. 1979. Luego como prólogo a *Poesías casi completas*.

# BIBLIOGRAFÍA GENERAL
## REFERIDA EN ESTA EDICIÓN

Alighieri, Dante: *Comedia. Inferno*, trad. de Ángel Crespo, Barcelona, Seix Barral, 1973.

Altolaguirre, Manuel: *Las islas invitadas*, ed. de Margarita Smerdou Altolaguirre, Madrid, Castalia, 1972 (Clásicos Castalia, 56).

Azorín: *La ruta de Don Quijote*, ed. de José María Martínez Cachero, Madrid, Cátedra, 1984 (Letras Hispánicas).

Bécquer, Gustavo Adolfo: *Obras completas*, Madrid, Aguilar, 1981, 13.ª ed., 2.ª reimpr. (La cita en p. 410).

Cernuda, Luis: *Obras completas*, ed. de Derek Harris y Luis Maristany, Madrid, Siruela, 1994, 2 tomos en 3 volúmenes.

Cruz, San Juan de la: *Poesías*, ed. de Paola Elia, Madrid, Castalia, 1990 (Clásicos Castalia, 181). (La cita en pp. 115-116).

Chevalier, J.: *L'oeuvre de Pascal*, París, Gallimard, 1936 (La Pléiade).

Díez de Revenga, Francisco Javier: *Panorama crítico de la generación del 27*, Madrid, Castalia, 1987.

——: *Poesía de senectud. Guillén, Diego, Aliexandre, Alonso y Alberti en sus mundos poéticos terminales*, Barcelona, Anthropos, 1988.

Ferrán, Augusto: *Obras completas*, ed. de José Pedro Díaz, Madrid, Espasa-Calpe, 1969, (Clásicos Castellanos, 164. La cita en pp. 30, 70 y 79).

García Lorca, Federico: *Poeta en Nueva York. Tierra y Luna*, ed. de Eutimio Martín, Barcelona, Ariel, 1981.

Guillén, Jorge: *Aire nuestro*, Milán, All'Insegna del Pesce d'Oro, 1968.

Guillén, Jorge: *El argumento de la obra*, ed. de Diego Martínez

Torrón, Madrid, Taurus, 1985 (Temas de España, 155. La cita en p. 63.)

Jiménez, Juan Ramón: *Dios deseado y deseante*, ed. de Antonio Sánchez Barbudo, Madrid, Aguilar, 1964.

——: *Libros de poesía*, ed. de Agustín Caballero, Madrid, Aguilar, 1967, 3.ª ed.

——: *Tercera antolojía poética*, ed. de Eugenio Florit, Madrid, Biblioteca Nueva, 1970, 2.ª ed.

——: *Animal de fondo*, ed. de Ángel Crespo, Madrid, Taurus, 1981.

——: *Ideolojía. Metamórphosis vol. IV*, ed. y reconstrucción de Antonio Sánchez Romeralo, Barcelona, Anthropos, 1990.

Machado, Antonio: *Nuevas Canciones y De un Cancionero Apócrifo*, ed. de José María Valverde, Madrid, Castalia, 1971 (Clásicos Castalia, 32. La cita en p. 137).

Marrast, Robert: *Aspects du théâtre de Rafael Alberti*, París, C.D.U.-S.E.D.E.S., 1967.

Nietzsche, Federico: *Obras completas*, trad. Eduardo Ovejero Maury, Buenos Aires, Aguilar, 1966, 6.ª ed. en Buenos Aires (1.ª en Madrid, 1932).

Rilke, Rainer María: *Obras de R. M. R.*, trad. de José María Valverde, Barcelona, Plaza y Janés, 1967. (Las citas en pp. 297, 283 y 341).

Salinas, Pedro: *Poesías completas*, Barcelona, Seix Barral, 1981, la cita en pp. 131 y 392.

Sánchez Barbudo, Antonio: *La obra poética de Juan Ramón Jiménez*, Madrid, Fundación March/Ed. Cátedra, 1981.

Sese, Bernard, *A. Machado (1875-1939). El hombre, el poeta, el pensador*, Madrid, Gredos, 1980, 2 vols. (Las citas en vol. I, pp. 125-163; vol. I, p. 139 y 147; vol. II, pp. 504-558, p. 549).

Shaw, Donald L.: *La generación del 98*, Madrid, Cátedra, 1977. (La cita en p. 218).

Soria Olmedo, Andrés (ed.): *Pedro Salinas/Jorge Guillén. Correspondencia 1923-1951*, Barcelona, Tusquets, 1992 (Marginales, 120).

Unamuno, Miguel de: *Obras completas*, vol. VI, *Poesía*, ed. de Manuel García Blanco, Madrid, Escelicer, 1969. (Las citas en p. 590 (núm. 21), p. 595 (núm. 29), p. 596 (núm. 30), p. 949, p. 1424 (núm. 1755).

Vega, Félix Lope de: *El caballero de Olmedo*, ed. de Joseph Pérez, Madrid, Castalia, 1970 (Clásicos Castalia, 19).

——: *El peregrino en su patria*, ed. de Juan Bautista Avalle-Arce, Madrid, Castalia, 1973 (Clásicos Castalia, 55).

## NOTA PREVIA

INCLUYO los textos de Bergamín de acuerdo con la
edición de *Poesía* de Madrid, Turner, 1983-84 en siete
volúmenes, que es la última que corrigió el autor en
vida. No utilizo la segunda edición del primer volumen,
aunque contiene textos inéditos y otros recopilados, por
este mismo motivo.

No recojo aforismos bergaminianos en esta edición,
para dotarla de mayor homogeneidad. Añado una
curiosidad literaria que no he podido evitar la tentación
de re-editar, la comedia *Los filólogos*, una sátira de
nuestro oficio.

Para un desarrollo más pormenorizado del estudio
preliminar de esta edición, con documentación más
amplia, remito a mi libro en prensa *El sueño de José
Bergamín* (Sevilla, Alfar, 1997).

D. M. T.

# ANTOLOGÍA POÉTICA

# SONETOS, RIMAS,
## DEL OTOÑO Y LOS MIRLOS

# 1
## TRES SONETOS A CRISTO
## CRUCIFICADO ANTE EL MAR

*A Jacques y Raïssa Maritain*

Solo, a lo lejos, el piadoso mar.

UNAMUNO

### I

No te entiendo, Señor, cuando te miro
frente al mar, ante el mar crucificado.
Solos el mar y tú. Tú en cruz anclado,
dando a la mar el último suspiro.

No sé si entiendo lo que más admiro:
que cante el mar estando Dios callado;
que brote el agua, muda, a su costado,
tras el morir, de herida sin respiro.

O el mar o tú me engañan, al mirarte
entre dos soledades, a la espera
de un mar de sed, que es sed de mar perdido.

---

1 Publicado en *Hora de España*, Barcelona, núm. XX, agosto
1938, pp. 45-47 (Cfr. *Poesía*-1 2.ª ed., nota bibliográfica de
Penalva, pp. 97-100, que data los poemas). Incluimos aquí
sólo el primero de los "Tres sonetos a Cristo Crucificado
ante el mar".

¿Me engañas tú o el mar, al contemplarte
ancla celeste en tierra marinera,
mortal memoria ante inmortal olvido?


2

II


En todo hay cierta, inevitable muerte.

CERVANTES


Siento que paso a paso se adelanta
al doloroso paso de mi vida
el ansia de morir que siento asida
como un nudo de llanto a la garganta.

Fue soledad, fue daño y pena, tanta
pasión que en sangre, en sombra detenida,
me hizo sentir la muerte como herida
por el vivo dolor que la quebranta.

Siento que paso a paso, poco a poco,
con un querer que quiero y que no quiero,
se adentra en mí su decisión más fuerte:

sintiendo en cuanto miro, en cuanto toco,
con tan clara razón su afán postrero,
que en todo es cierta, inevitable muerte.


2 De la serie "La sombra y la muerte" incluimos sólo el
  segundo poema. Apareció en *El pasajero*, Séneca, México, 1,
  Primavera 1943, pp. 48-49 (Cfr. *Poesía*-1 2.ª ed.)

3

También para los tristes hubo muerte.

CAMOENS

¿Quién fui? ¿Quién soy? ¿Qué siento de mí
                              [mismo
en esta larga y perezosa espera
de una sombra mortal, que ni siquiera
sé si es la mensajera del abismo?

Nunca podré romper este espejismo
que rechaza mi hora postrimera:
como si el alma fuese prisionera
de un vano y tenebroso narcisismo.

¿Quién he sido? ¿Quién soy en este *ahora*
sintiéndome a mí mismo dolorido
por no poder sentir lo que más siento?

¿Quién voy a ser ahora, en esta hora
del corazón, sabiendo que no ha sido
más que un sueño de amor mi pensamiento?

4

Si todo lo que fue no hubiera sido
y lo que es no lo siguiera siendo,
sería lo que vino sucediendo
igual que si no hubiese sucedido.

Y sería un sentir tan sin sentido
éste que ahora estoy consintiendo
como si se estuviera desasiendo
de la mano de nieve del olvido.

---

4 Juegos conceptuales a la manera del barroco español. Aparece el tema del *velar* y del *sueño* que luego desarrollará.

Huésped que en el silencio se aposenta,
mi corazón, de su velar cansado
se adormece en penumbra soñolienta.

Y de tanto velar, ¡ay!, desvelado
va apagando en su lumbre cenicienta
el sueño de un soñar desensoñado.

5

Sobre el ébano frío de la noche.

MANUEL ALTOLAGUIRRE

Cuando al atardecer la luz incierta
no decide su paso todavía,
ya siento que la noche está vacía
y que su oscuridad está desierta.

No sueña, ni dormida ni despierta,
su soledad de sombra el alma mía.
La noche me hace claro: oscuro, el día.
No hay hora para mí que no esté muerta.

Es tarde, ¡amor! Apenas me asegura
mi voz un eco que no apague el viento,
dejándome cenizas de amargura.

Por eso ahora lo que yo más siento
no es sentir que la vida no me dura,
sino que no me dura el sentimiento.

---

5 *Caracola*, Málaga, núm. 90-94, abril-agosto 1960 (cfr. *Poesía-1*
2.ª ed.). Los primeros sonetos de Bergamín tienen un aire
conceptista y barroco muy típico, aunque luego se irá libe-
rando tanto de la rima consonante como del corsé barroco.

6

Herida por la luz del mediodía
mi sombra cree que escapará del suelo
y volviéndose a mí con ese anhelo
quiere dejar de ser la sombra mía.

Cuando ya siento su caricia fría
pasar mi cuerpo con ardor de hielo,
tan puro intento de imposible vuelo
no me ensombrece, ni me asombraría.

Sombra de una ilusión con luz incierta
quiere apagar sus ecos infernales
acallando mi voz que los despierta.

Sintiendo estoy sus ansias fantasmales
de esconder en la tierra su luz muerta
y huir la de los cielos inmortales.


7

Pasa la vida pero no volando
porque al pasar y no pasar sin vuelo
su paso va posándose en el suelo
y a su pesar en él se va quedando.

Pasa y al corazón le va pesando
como a los ojos pesa el mar o el cielo:
como le pesa al alma su desvelo
de un pesaroso sueño despertando.

6 En *Rimas y sonetos rezagados*, Santiago de Chile-Madrid,
Renuevos de Cruz y Raya, 1962, p. 196 (cfr. *Poesía*-1 2.ª ed.)
7 El *pasar del tiempo* enlaza también con la temática clásica
del *tempus fugit* de rancia estirpe barroca; asimismo el tema
calderoniano, que repetirá hasta la saciedad, del *sueño de la
vida*.

A su paso, a su peso van cayendo
las horas muertas de un vivir que ha sido
por un fue y un será lo que está siendo

como una suave música al oído,
un día y otro día desviviendo
"de la risa del alba al sol dormido".

8

ECCE ESPAÑA

Dicen que España está españolizada,
mejor diría, si yo español no fuera,
que lo mismo por dentro que por fuera
lo que está España es como amortajada.

Por tan raro disfraz equivocada,
viva y muerta a la vez de esa manera,
se encuentra de sí misma prisionera
y furiosa de estar ensimismada.

Ni grande ni pequeña, sin medida,
enorme en el afán de su entereza,
única siempre pero nunca unida;

de quijotesca en quijotesca empresa,
por tan entera como tan partida,
se sueña libre y se despierta presa.

---

8 *Litoral*, núm. 12, febrero-marzo 1970 (cfr. *Poesía*-1 2.ª ed.)
Es el tema de España, propio de la obra bergaminiana, especialmente intenso y reiterado en sus ensayos.

9

Siempre mañana y nunca mañanamos.

LOPE

Mañana está enmañanado
y ayer está ayerecido:
y hoy, por no decir que hoyido,
diré que huido y hoyado.

A tal extremo ha llegado
hoy a perder el sentido
que al mañana ha convertido
en "cualquier tiempo pasado".

Un ayer futurizado
y un mañana preterido
nos han escamoteado

un hoy por hoy suspendido
de un mañana anonadado
y de un ayer evadido.

10

—Ese que tú te crees que eres tú mismo,
ese que tú te crees que llevas dentro,
no eres tú, ni es tu alma, ni es tu vida,
ni siquiera es la sombra de tu cuerpo.

9 De *Rimas y sonetos rezagados* ed. cit. p. 202. (Cfr. *Poesía*-1 2.ª ed.)
10 La *otredad*, el *otro yo*, que enlaza con el fantasma de sí mismo. Está en Octavio Paz —teorizado en *El arco y la lira*, y patente en su poesía—, con quien Bergamín colaboró en México, pero nuestro autor le da un sentido menos metafísico y más psicológico, la duplicidad del *yo*, y el carácter fantasmal de ese *yo*.

—¿Pues quién es ese yo que yo no soy,
ese que me está siendo sin yo serlo?
—Pregúntaselo al otro, al que dejaste
perdido en una senda de tu sueño.


11


¿Por qué callas, dejando al pensamiento
sin voz, y sin palabra a los sentidos?
¿No ves que cuando siembras el silencio
preparas la cosecha del olvido?


12


Sombra huida en la sombra.
Sueño hundido en el sueño.
Luz presa en agua oscura, transparente
fantasma en el espejo.

Voz perdida en un eco, sin latido,
sin estremecimiento...
¡Luminosa ilusión de la esperanza
que se nos va apagando en el recuerdo!


13


¡Sombras que fuisteis mi sueño!
¡Sueños que fuisteis mi sombra!
¡Cuándo me querréis dejar
con mi soledad a solas!


11  Se adivina aquí la intensidad sugerente en breves versos de
transparencia peculiar, que será propia luego de su poesía.
También el tema del *silencio*.
12  La *sombra* que somos platónicamente en nuestra existencia
terrena. Traslada el tema griego a la dimensión cristiana
relativa a la esperanza.

## 14

Una voz que no encuentra
aposento en el aire
es una voz perdida
que no oye nunca nadie.

Su sonido se apaga
en los ecos distantes.
Y las sombras se llevan
sus palabras errantes.

## 15

Cuántas veces, huyendo de la muerte,
escuchabas sus pasos en tu sueño,
y al despertar, llenabas con palabras
el vacío errabundo de sus ecos.

Cuántas veces, creyendo que soñabas,
te aprisionó la muerte en su desvelo,
apagando en su sombra tus palabras
y la voz de tu sangre en su silencio.

## 16

Las rosas y los soles
se apagan con el tiempo.
¿Morir es acabar
o es empezar de nuevo?

14 Expresa el desarraigo típico de su temperamento, que le
llevó a posturas ideológicas extremas en su vejez.
15 El tema de la *muerte* que será reiteración obsesiva. Como
en Juan Ramón, la obra literaria es un intento de huir de la
muerte y trascenderla.

Sé que voy a morirme
pero sé, al mismo tiempo,
que no soy yo que es otro
quien puede en mí saberlo.

Otro que no dice,
que me guarda el secreto.
Otro que no soy yo...
Y que tal vez se ha muerto.

17

Vosotros los más altos,
estremecidos árboles:
almezes, olmos, álamos...
choperas, cipresales.

Vosotros, los altísimos
señores del paisaje:
rectos, erguidos troncos,
apretado follaje.

Buceando en la tierra
raíces infernales,
sois de la luz urdimbre,
de los cielos, raigambre.

Le dais su voz al viento;
a la niebla, hospedaje.
Cobijo es vuestra sombra
de oscuras soledades.

Al rumor de las aguas
dormido en el bozcaje
interpretáis los sueños
de las nubes distantes.

Vuestras ramas, penachos
altivos, blandos, frágiles

dedos de verdes hojas,
acarician el aire:

pulsan en el silencio
melodioso, la sangre
que arrebuja en el nido
su latido entrañable:

y señalan al vuelo
perdido de las aves
los abiertos caminos
que nunca siguió nadie.


18

El misterio está en el aire;
en el aire y en el fuego;
en el fuego y en la luz;
en la luz y el pensamiento.

En la palabra y la idea;
en la voz y en el silencio;
en lo profundo del mar
y en los abismos del cielo.

El misterio está en su sitio:
y de par en par abierto
a la claridad del sol,
a la oscuridad del tiempo.

Tiempo que distiende el alma
desvelándola de sueño,
y hace que en el corazón
del hombre, tiemble el misterio.


18 Panteísmo y religiosidad en esta percepción del misterio.

## 19

De palabra en palabra,
de silencio en silencio,
fuimos abriendo un surco
profundo a nuestro sueño.

Ahora que nos separa
el hondo surco abierto,
los silencios son sombra,
las palabras son eco.

## 20

Los árboles soñolientos
sombrean el ardoroso
rincón en el que se esconde
tu alma como un rescoldo.

Es una candela viva
de jardín, que poco a poco
se va apagando. Se apaga
como la luz en tus ojos.

## 21

Mis huesos ahora ya son
la sombra de lo que fueron:
lo que me sostiene en pie
es un fantasmal espectro.

---

19 El *silencio* siempre tiene una connotación metafísica en
   Bergamín, próxima a ultimidades de existencia.
20 Perfecta exposición del tema del *fantasma* en que se va con-
   virtiendo. Idea que reiterará con gran belleza hasta en sus
   últimos poemas.

No tengo más realidad
que la irrealidad del tiempo:
ni más alma, ni más vida,
ni más corazón, que un sueño.


## 22

Cae sobre mi vida la esperanza
como un enorme peso de vacío:
me aprieta el corazón, me angustia el alma
como si me asomase a un precipicio:

abajo el mar, encima el alto cielo,
yo, al borde, desasido de mí mismo,
espero, siempre espero, espero tanto,
que esperar se me vuelve oscuro olvido.


## 23

Estoy diciendo siempre el mismo nombre
y cada vez me lo devuelve el eco
distinto. Y cuando callo, me devuelve
distinto cada vez ese silencio.

No sé por qué se mudan las palabras
lo mismo que las nubes con el viento.
Ni sé por qué se apagan las estrellas
como la voz y como el pensamiento.


22  Para la angustia y la esperanza, cfr. su libro de ensayos más
    existencial, *El pozo de la angustia.*
23  Es consciente ya ahora de que se repite, pero cada poema
    contiene diferentes matices de profundidad en las mismas
    ideas.

24

Del oscuro abismo de un sueño
he salido a su despertar
como si me hubiera dormido
toda la noche sin soñar:

como si saliera de pronto
de algún laberinto infernal
por una puerta misteriosa
de que no me puedo acordar.

La vida nos vela la muerte
con un sueño de eternidad;
cuando es un desvelo del alma
que ya nunca se dormirá.

25

Este sosiego, este silencio y calma
con que la tarde en el jardín se queda
inmóvil en el aire, transparente
al ámbito de luz que la aposenta,

espacia el tiempo, distendiendo el alma
en esta ya penúltima frontera
de la vida y la muerte, en que la muerte
afirma el ser y el corazón aquieta.

El corazón, como el jardín, presiente,
sin ilusión, sin engañosa espera,

24 Como luego en *Velado desvelo*, cuya intención apunta
ahora, la vida se muestra como un velar la muerte.
25 *Jardín* crepuscular y otoñal, tal vez de inspiración moder-
nista. En O. Paz aparece con el mismo sentido: el *jardín* es
el lugar de la revelación, en *Ladera Este (1962-1968)*
(1969).

que hay en la muerte una verdad más pura,
más clara, más desnuda en su inocencia.

Y el viejo, lujurioso Rey Otoño,
a esta niñez con que el Invierno llega
le da su Reino. Al fin la muerte es niño:
juega a otra vida y a otra Primavera.


### 26

Voz del agua en catarata.
Voz del viento en huracán.
Voz del arroyo en murmullo.
Voz del aura al suspirar.

Voz del mar. Voz de los cielos
en concierto sideral.
Todas son voces que dicen
que calles para escuchar

otra voz, que no es la suya,
que viene de más allá
del sonido y del silencio,
del decir y del callar.


### 27

Hay silencios que se quedan
temblando entre las palabras,
y palabras que de espanto
se quedan paralizadas.


26 Voz de la *naturaleza* en panteísmo, pero también trascendencia: hay otra voz que viene de más allá. El panteísmo y
la trascendencia metafísica cristiana, aparece en *Cruz y
Raya*.

A veces el corazón
se desentiende del alma
y no sabemos entonces
si hablar es no decir nada.

## 28

Tú tienes voz de llanto
velada de silencio.
Tus palabras se ahogan
como un sollozo en sueños.

Por eso me parece
cada vez que te veo
que estás mucho más cerca
y estás mucho más lejos.

## 29

Tú eras sombra de una llama
Yo era el eco de una voz.
Juntos apenas si fuimos
un alma en pena los dos.

Humo sin fuego, cenizas
sin rescoldo, que apagó
un vientecillo suave:
eso hemos sido tú y yo.

---

28  La relación existencial con el *otro*, la alteridad en la comunicación humana, cercanía y distancia. También en *El Ser y
la Nada* de Sartre.
29  Reflexión acerca de la propia existencia y la de la amada.
El pasar.

30

*A Mari-Pepa Fe*

Sonoridad de luz hay en tu frente
y silencio de sombra en tu mirada.
Cuando miras parece que estás viendo
como si con los ojos escucharas.

Hay tanta oscura música en tus ojos,
tan pura, melodiosa resonancia,
que el cerco enmudecido de las cosas
lo rompen y traspasan.

Por eso tengo miedo de mirarlos,
porque teme mi alma
que despierten los ecos de un silencio
que esconde su temblor y lo enmascara.

31

Me estoy mirando en tus ojos.
Me estoy oyendo en tu voz.
Me estoy soñando en tu alma:
sintiendo en tu corazón.

Soy como si fuera otro:
otro que quiere ser yo,
y es un[1] espectro, un fantasma,
una sombra entre los dos.

---

30  Los ojos de la amada abisman al poeta.

[1] "una", sic. en original, corrijo. Vid. *DAut.* y *DRAE*.

## 32

En la forma de las horas que son
cristales del tiempo.

CALDERÓN

Cristal del tiempo, forma de la hora,
éxtasis del instante:
hilo del alma, temblorosamente
suspendido en el aire.

Soy, de un momento a otro, estremecido
latido de la sangre;

paralítico afán de una palabra
que nunca ha dicho nadie;

ilusión, frenesí, ficción y sombra
mentirosa del Arte:

reló de sol o arena, transparente
máscara sin semblante:

asidero inhumano de un fantasma
fabuloso, que sueña eternidades.

## 33

Porque habláis sin razón y sin sentido
y sin pensar en lo que estáis diciendo,

32 El lema *cristal del tiempo* reaparece una y otra vez en Bergamín, tomando los versos de Calderón que aquí aparecen
citados. Daba nombre a una sección de *Cruz y Raya*. Y con
ese título se publicó una antología de textos políticos de
nuestro autor, *vid.* bibliografía.
33 Defiende una poesía de pensamiento trascendente, no
superficial.

decís que sois poetas, cacatúas,
pajarracos parleros.

Abrís a picotazos vuestra fosa
y enterráis en su hueco
un versiculebreo de palabras
que se agusanan dentro.

A ese hedor de asquerosa podredumbre
ahogáis el pensamiento
y al graznido mortal que lo denuncia
llamáis decir poético.

Presumís de oquedad como las tumbas,
prolongando sus ecos.
Decís que sois poetas, y no sois
ni siquiera la voz de un mundo muerto.


### 34

Después de haber vivido tantos años
lo único que comprendo
es que lo mismo da porque es lo mismo
perder el alma que perder el tiempo.

Y que perder la vida no es morirse
lo sé, porque presiento
que acabaré por encontrarme un día
conmigo mismo muerto.


### 35

Yo no sé si yo estoy vivo
o el que en mí vive es un muerto

35  *Otro yo, sueño* y otro sueño de un muerto que lleva dentro.
La peculiar cosmología bergaminiana ya se ha gestado.

que sueña dentro de mí
que todavía está viviendo.

Que sueña dentro de mí
sin poder romper el cerco
en que le tienen sitiado
otra vida y otro sueño.


36


No acortes el camino inútilmente.
No tengas prisa. Espera.

Si tienes que llegar de todos modos:
si aunque tú no lo sepas
cuando llegues al fin de tu camino
la encontrarás a ella.

De tantos rostros y de tantos nombres
como le diste de amorosa fiera
no volverás a ver ni a oír ninguno;
y de su paso no hallarás más huella
que un vacío resonante de recuerdos,
una máscara hueca.

Porque verás sus ojos sin mirada
y su sonrisa muerta:
y sus manos sin luz, cuando te abran
el hueco tenebroso de su puerta.


36  No hay prisa, al final está *ella*.

37

> ¿Cuándo podré dormir en ese
> sueño en que acaba el soñar?
>
> BÉCQUER

> Al fin despertarás por debajo del
> sueño.
>
> UNAMUNO

Cuando esté muerto es que estaré dormido,
pero no para siempre:
porque de ese otro sueño se despierta
más allá de la muerte.

Y si sigo soñando ese otro sueño,
¿qué será lo que sueñe?
Y si llego por fin a despertarme,
¿de qué me acordaré cuando despierte?

38

V

> No es más que una hojita amarilla
> que tiene todo el sol en su cara
> y es una lucecita encendida.

> No es más que una hojita dorada
> entre tantas hojas caídas.

37 Existe en el interior del hombre la intuición de *otro yo* que
   pervivirá más allá de la muerte, y que es el auténtico *yo*.
38 El *otoño* y la *hoja amarilla*, que identifica con los ojos de la
   amada en poética comparación. *Del otoño y los mirlos*, al
   que pertenecen los poemas 38 a 44 inclusive, gira en torno
   a ello.

Veo el Otoño en tu mirada
como otra luz estremecida.

Una luz que nunca se apaga
ni con el sol ni con la vida.

### 39

### XII

Parece que tu voz y tus palabras
quisieran separarse de tu vida,
volver atrás, buscar en lo pasado
profunda intimidad de lejanía.

Detener la carrera de los años
que el tiempo en su corriente precipita;
desmadejar el hilo de un ensueño
en que el alma dormida se cobija.

### 40

### XVII

Es una nevada amarilla
la de las hojas en el suelo
y en los árboles, encendida
de sus oros viejos y nuevos.

Le basta un momento al Otoño
para descifrarme el secreto
de la eternidad de su ser
en lo pasajero del tiempo.

Le basta ese instante tan sólo
de extasiada luz y silencio
para iluminar en el alma
la fugacidad de lo eterno.

41

VIII

Tú morirás después que yo me muera,
mucho tiempo después, quizás, acacia.
Y seguirás oyendo todavía
este regato de agua
que lleva en su murmullo transparente
los ecos de mi infancia.
Lo seguirás oyendo tembloroso
como yo lo escuchaba,
y en él la voz oscura, y para siempre
perdida, de mi alma.


42

XII

Hay en el fondo de tu voz oscura
como otra voz extraña
que enciende en claridades repentinas
la noche de tu alma.

No es eco de otras voces en la sombra
donde tu voz se apaga,
sino una lucecita, palpitante
lo mismo que una llama,

que, apenas si en el aire estremecida
cuando el viento se calla,
rompe como la música un silencio
vacío de palabras.


41  El *árbol*, la acacia, sobrevirá al poeta.

## 43

### XVII

Desde este silencio
no oiréis más mi voz.
Y cuando se rompa,
ya no seré yo

el mismo que os hable
de nuevo, sino
otro, que se ha muerto,
al que nadie oyó.

## 44

### XXIV

De corazón a corazón,
de pensamiento a pensamiento,
mi palabra va a tu palabra
y mi silencio a tu silencio.

Como si tu voz en mi voz
fuese sólo un eco en el eco;
como si callando los dos
hablásemos al mismo tiempo.

# LA CLARIDAD DESIERTA

## 45

Ara al suelo, al sol pira, al viento ave.

CALDERÓN

Como si a tanto amor, amor no hubiera
dado su aire, su invisible vuelo.
Como si al corazón, su desconsuelo
de corazón, el corazón no diera.

Como si de tan claro pareciera
el cielo luminoso menos cielo
y el suelo de tan verde menos suelo
y cielo y suelo el alma desuniera.

Como si, desuniéndolos, pudiera
el alma, de sí misma separada
volverse de sí misma prisionera.

Como si, al fin, de amor desencantada,
el alma para el alma se volviera
ara del corazón, lumbre apagada.

---

45  Los poemas números desde 45 a 82 inclusive pertenecen a
*La claridad desierta* que apareció por primera vez en 1973
y recoge poemas del segundo exilio entre 1964 y 1968.
   Muchas veces los poemas de Bergamín parecen una
auténtica glosa en verso de los textos —de singular
belleza— que cita en encabezado. La literatura se inspira
en la literatura.

46

No todo lo que miras es la muerte,
ni todo lo que sueñas es mentira;
ni pasa lo que piensas, por pensarlo,
de oscura noche a claridad de día.

Lo que tus ojos ven, en su mirada
tu corazón, que es ciego, lo ilumina.
Lo que sueña tu alma, el pensamiento
lo alumbra como fuente de tu vida.

47

Eres como una sombra perseguida
por el anhelo vivo de su llama:
te crees libre porque eres prisionera
de la luz y del fuego de tu alma.

Tu corazón es eco del latido
de otra sangre, lejana:
y tu voz de otra voz que no es la tuya
es débil resonancia.

La vida que tú sueñas no es tu vida;
tu amor no es el amor con que tú amas:
otra vida, otro amor, te están soñando
sin que tú sepas nada.

48

Estoy soñando que sueño
sin despertar todavía,

47 La *otredad*, que también inspirara a Octavio Paz. De la
otredad del *otro yo* pasamos a la otredad de lo *sagrado* que
lleva a la trascendencia.
48 La vida es *sueño*, pero hay algo más: soñamos que soñamos,

como si no fuera yo
el soñador de mi vida.

Como si fuera una sombra,
y no lo fuera la mía,
una sombra que se sueña
soñadora de sí misma.

### 49

En este sueño que ahora
estoy soñando que vivo
la oscuridad y el silencio
están a solas conmigo.

Ando en estas soledades
tan hallado y tan perdido
como el fuego que en la llama
se halla y se pierde a sí mismo.

Mi corazón en el sueño
se está quedando dormido
como se queda en su cauce
el manso correr del río.

### 50

Yo quisiera soñar con que tú sueñas
lo mismo que yo sueño,

---

yo sueño mi propia vida. La duplicidad de la existencia, que
hace referencia a la existencia de *otro yo* en mi interior que
conduce a lo sagrado. No necesita mencionar lo sagrado
para que sea evidente el fundamento religioso —púdica-
mente religioso— de su poesía.
50 Lo que más puede unir a los amantes es la identidad de sus
sueños.

y que piensas y sientes al soñarlo
lo que yo pienso y siento:

que tu vida y mi vida se encontraron
hace ya mucho tiempo,
y se juntan en esa lejanía
íntima del recuerdo.

### 51

Voy huyendo de mi voz,
huyendo de mi silencio;
huyendo de las palabras
vacías con que tropiezo.

Como si no fuera yo
el que me voy persiguiendo,
me encuentro huyendo de mí
cuando conmigo me encuentro.

### 52

Me acercaré de nuevo a tu tristeza
como a una misteriosa melodía
que le da al corazón su resonancia
de música infinita.

Y volveré a sentir cuando me mires,
callada y pensativa,
que apagas con tus ojos al mirarme
el sueño de mi vida.

---

51 Domina ya esta forma poética que recuerda al mejor Juan
Ramón que él prefería, el intermedio de *Poesía*, *Belleza*, *Piedra y cielo*, *Eternidades*, *Estío*, etc. Es la más eficaz para la
sugerencia y el pensamiento. Bergamín dotó de una profundidad mayor a estos versos de ascendencia juanramoniana.

53

Sepultada en maravilloso silencio.

CERVANTES

Suspensa el alma de un instante
luminoso del mediodía,
callábamos, como si callando
extasiásemos su alegría.

Callábamos y en nuestro silencio
otro silencio enmudecía:
"un maravilloso silencio"
que en el silencio se escondía.

54

Señor, yo quiero morirme
como se muere cualquiera:
cualquiera que no sea un héroe,
ni un suicida, ni un poeta

que quiera darle a su muerte
mas razón de la que tenga.
Quiero morirme, Señor,
igual que si me durmiera

---

53 Destaca la belleza de las expresiones de Cervantes. Queremos subrayar que la elegante prosa de *El Quijote* está muy
próxima, por el uso de metáforas de raigambre en el lenguaje popular, a la poesía.
54 Este poema es una auténtica oración llena de sentimiento y poesía. El poeta expresa cómo le gustaría
morirse.

en Ti; como cuando niño
me dormía, sin que apenas
supiese yo que era en Ti
y por Ti que el alma sueña;

y sin que por despertar
cada día, no quisiera
volver a dormir de nuevo
una y otra vez, sin tregua.

Cada noche y cada día,
por dormida o por despierta,
el alma sabe que está
soñando la vida entera.

Por eso quiero, Señor,
morir sin que ella lo sepa.
Quiero morirme, Señor,
como si no me muriera.


55

El otoño como un sueño
se va apagando en tu cara
adentrándose en la noche
oscura de tu mirada:

buceando entre sus sombras
la de una invisible llama
que nunca deja de arder
para los ojos del alma;

una claridad desierta
para la luz de tu lámpara;
y un silencio ya sin eco
para tu voz solitaria.

## 56

> Ven, muerte, tan escondida...
>
> ESCRIVÁ
>
> Ven, muerte, tan callada...
>
> ANDRADA

No sé cuándo ni cómo
ni por dónde vendrás:
pero vendrás muy pronto.

Andas con pies de plomo
para no ser sentida:
pero te siento en todo.

Avanzas poco a poco,
escondida, callada...
entre un momento y otro.

Y en un momento sólo
me dormiré en tu olvido:
no sé cuándo ni cómo.

## 57

Tus palabras, poeta,
no son más que palabras:
pero tiene el oído
que aprender a escucharlas,

para oír esa música
tan sonora y tan clara
como la voz del viento,
como la voz del agua;

son palabras tan hondas
que le llegan al alma

tal vez para decirle
lo que el corazón calla.


## 58

Llamas amor a consentir el daño
que hace tu corazón cuando se siente
latir en otro corazón extraño.

Que, al fin, lo que te queda de la vida
es sentir el vacío de otra mano
en tu mano vacía.


## 59

Tengo miedo al silencio
y temo las palabras
que al decirlo lo esconden
como si lo callaran.

Me da miedo esa hora
silenciosa del alma
en que todo se hunde
porque todo se calla.


## 60

¡Cuántas veces como ahora
he sentido por tu ausencia

---

58 Dificultad existencial en la comunicación amorosa.
60 En otro orden de cosas, el tema de la *ausencia* también en
   Pedro Salinas y sus poemarios amorosos, por ejemplo: "No
   estás ya aquí" en *Seguro azar*, y "Apenas te has marchado"
   en *Razón de amor*.

esta soledad de ti
que me hunde en la tristeza!

¡Cuántas veces he querido
huir de mí mismo por ella,
engañando los recuerdos
con una ilusoria espera!

¡Ay, cada vez que esta triste
soledad de mí te aleja,
siento mortal el latido
que mi corazón golpea!

61

Esta misteriosa puerta
que abre a la muerte el olvido,
esta claridad desierta
de la que todo se ha ido,
asume lo que no ha sido
como una esperanza muerta
en un recuerdo perdido.

62

¿Qué otoño en llamas de quemado estío,
o en sombras de verdor, qué primavera,
empañará del cristalino invierno
la pura transparencia?

¿Qué luz, qué paz, qué calma, qué alegría,
como la que en sus hielos se aposenta?
Y sin sombra de sombra, al sol, desnuda,
su claridad desierta.

63

> ¿Dónde, muerte, tu victoria?
> ¿Dónde, muerte, tu aguijón?
>
> SAN PABLO

Vengadora de amor.
Burladora del tiempo.
Enemiga del alma.
Robadora del sueño.

Si mi cuerpo es tu sombra.
Si mi voz es tu eco.
Si tu mano en mi mano
me conduce al Infierno:

sin helarme en sus llamas,
sin quemarme en sus fuegos.
Si tu imagen desnuda
no es la de mi esqueleto.

Muerte, ¿por qué me espantas?
Muerte, ¿por qué te temo?
Si no eres más que un nombre
vacío de lo eterno.

64

Me va pareciendo el tiempo
más que enemigo, un amigo
que me acompaña en silencio.

Que me acompaña en silencio,
dándole a mi corazón
su único fiel compañero.

### 65

Te pregunté. Tú no me respondiste.
Volví a decirte yo: ¿Por qué te callas?
Entonces me miraste, y tu silencio
fue mucho más silencio en tu mirada.

Y entonces comprendí por qué es tan triste
la soledad del alma,
cuando vacía el corazón, dejándolo
sin llanto y sin palabras.

### 66

Oh nuit! Ni la clarté deserte de ma
lampe sur la vide papier que la blan-
cheur defend...

MALLARMÉ

Sans ombre d'ombre.

V. HUGO

No es la penumbra íntima de la alcoba, su ámbito
a la luz de la lámpara:

65 El *silencio* tiene en Bergamín un significado de ultimidad, de extremo, de linde con el misterio del más allá indecible, tanto en el amor, como en la soledad de la contemplación.
66 Recoge el texto de Mallarmé que da origen al título del libro. Recordemos también, respecto al vacío del papel en blanco, como una invitación al abismo, en tono distinto, los versos de Jorge Guillén: "La página está en blanco y nos espera / (...)", en *Homenaje*, dentro de la bella serie de poemas *Amor a Silvia*. Pero Bergamín alude aquí al vacío anterior a la iluminación de la escritura, en el límite del silencio.

la claridad desierta y sin sombra de sombra
de la página blanca;

es un eco, es el hueco sin razón ni sentido
de un vacío de palabras,
el que esconde en la noche, desnuda como un sueño
la soledad del alma.

Es una tenebrosa presencia de la muerte
en que Dios vivo calla
para abrirle al silencio el paso luminoso
de su única esperanza.

### 67

Yo te pido, Señor, la misma muerte
que das al pájaro en su vuelo.
O la que das a la feroz ternura
del animal perdido en su desierto.

Una muerte que venga del abismo
más hondo del Infierno
a devolverle al corazón su llama
para que siga ardiendo.

### 68

Y en la copa de otoño un vago
vino queda...

RUBÉN DARÍO

Basta.
    Me basta
con este vino oscuro
en esta copa clara.

Me basta
con la sombra y el eco
sin la voz ni la llama

Con la penumbra
de tus ojos sin mirada.

Basta.
          Me basta — ¡ay!
con no esperar ya nada.


## 69

Tu voz hace el silencio más silencio.
Tu mirada lo oscuro más oscuro.
Y todo lo que tocas con tus manos
se vuelve sombra y humo.

La llama luminosa de tu sangre
en tu cuerpo desnudo
hace el sueño más sueño: y más soñado
el fabuloso despertar del mundo.


## 70

Tu voz es como un eco que se queda
dormido en tus palabras:
como una sombra que en la luz se esconde
huyendo a la mirada.

Es eco de otra voz que abre al silencio
una música extraña,
sonora al corazón y luminosa
tan sólo para el alma.

## 71

Ahora al leerme estáis tal vez pensando
que no soy de mi tiempo.
Del mío sí. Pero tal vez ahora
ya no lo soy del vuestro.

El vuestro precipita el torbellino
en que lo estáis perdiendo.
El mío es un remanso sosegado
lo mismo que un espejo.

En estas soledades en que vivo
me miráis como a un muerto:
sin ver que es otra vida y otro mundo
lo que yo llevo dentro.

## 72

> Y pues vemos lo presente como en
> un punto se es ido...
>
> J. MANRIQUE

Si todo lo que es será un "ha sido"
que "se es ido" por serlo,
volviendo las más verdes esperanzas
amarillos recuerdos,

deja posarse el peso de tu paso
en lo más pasajero

71 Reflexiona acerca del tiempo de lectura de quienes vean
   sus versos cuando él haya muerto. El poeta, sobreviviendo
   a la muerte en la propia obra.
72 El tema clave de la poesía de Bergamín es el *paso del
   tiempo*, que conduce a la muerte y a la duda o la esperanza.

como se posa en el azul la nube
y el pájaro en su vuelo;

deja pasar la luz por el instante
cristalino del tiempo
extasiándole al alma lo que miras
si tú te quedas quieto;

fija bien tu mirada en ese punto
oscuro del momento
que es sombra de una llama en que se posa,
pensándose, tu sueño.


73

... y siempre igual.

G. A. BÉCQUER


¿Por qué teme la vida el corazón? ¿Por qué la siente
perderse en el misterio oscuro de su olvido?
¿Por qué cuando despierta el alma de su sueño
precipita en el pecho su latir sin motivo?

No sabemos. Soñamos que soñamos. De pronto
tu corazón no es tuyo, mi corazón no es mío.
Y una sombra de nube en el agua parece
la imagen huidera del sueño que vivimos.


74

Tú no sabes que tú eres
como si fueras el aire,


73  El *aire* es un tema típicamente guilleniano. El aire es inasi-
ble y al mismo tiempo posee existencia material aunque
invisible.

que está en todo y que parece
que no está en ninguna parte.

Como si fueras de aire
te escondes sin esconderte,
te escapas sin escaparte.


### 75

Una sombra en la sombra
oscurece la estancia
y mis ojos apenas
pueden adivinarla.

Pero siento que hay alguien
a mi lado, un fantasma
que soy yo, siendo otro
que de mí se separa.

La penumbra del sueño
adormece mi alma.
Y la noche en la noche
de sí misma se aparta.


### 76

Abres el libro: tu mano
va pasando una tras otra,
sin leerlas, sin apenas
mirarlas, todas las hojas.

Cierras el libro: y tu mano
que con el libro abandonas
es como un vuelo de pájaro
que se posara en la sombra.

76  El libro como objeto lírico.

### 77

Es una caricia oscura,
una caricia de sombra,
la de tu mirada en todo
lo que con tus ojos tocas.

Como una mano invisible,
suave, acariciadora,
se pasea tu mirada
por todo lo que te asombra.

### 78

Morir no es desnacer, no es desvivirse
sintiéndose uno mismo
escapar de la oscura red del tiempo
destramando su hilo.

No es un dormir ni un despertar tampoco.
No es salir de un camino a otro camino.
No es dejarse vencer de ningún sueño.
No es darse por vencido.

### 79

Ya no me queda nada.
Del sentir, del pensar, ya no me quedan
nada más que palabras.

Nada más que palabras,
efímeros despojos, huideros
ecos que el viento apaga.

77  La mirada como caricia.
79  Sólo nos queda la palabra...

## 80

Yo he debido morirme
hace ya mucho tiempo
y otro que no soy yo
me está sobreviviendo.

Otro que no me dice
quién es, pero que siento
en mí, como si fuese
mi yo más verdadero.

## 81

Después que yo me haya muerto
te hablarán por mí los árboles
para decirte que escuches
lo que anda diciendo el aire:

lo que apenas dice el aire
callandito, entre las hojas,
para que no lo oiga nadie.

## 82

Tú que sabes tantas cosas,
dime por qué vuela el pájaro;
por qué crecen las espigas;
por qué reverdece el árbol.

Por qué se alumbran de flores
en primavera los prados.

81 Ecos juanramonianos en este poema panteísta.
82 Bellísima definición de la muerte y de lo inexplicable de
    ésta: "Por qué el corazón se duerme / si el alma sigue
    soñando".

Por qué no se calla el mar.
Por qué se apagan los astros.

Por qué es sonoro el silencio
en la soledad del campo:
y el agua corre a esconderse
entre su risa y su llanto.

Por qué el viento aviva el fuego
cuando no puede apagarlo.
Por qué el corazón se duerme
si el alma sigue soñando.

# APARTADA ORILLA

## 83

No quiero, cuando me muera,
nada con el otro mundo:
quiero quedarme en la tierra.

Quedarme sólo en la tierra
sin paraíso ni infierno
ni purgatorio siquiera.

Quedarme como se quedan,
sobre el suelo humedecido
del bosque, las hojas muertas.


## 84

No vendrá, no la espero,
no llamará a mi puerta:
y si viene, si llama,
yo no la oiré siquiera.

---

83  Desde este número al 117 inclusive, pertenecen los poemas
a *Apartada orilla*, volumen III de la edición de Turner.
Apareció por primera vez en 1976, y el manuscrito había
sido terminado tres años antes, con poemas de 1971 a 1972.
En este poema, el poeta inmerso en la naturaleza. Hay
una cierta dosis de panteísmo en Bergamín, pero también
controlada por un pensamiento cristiano trascendente, que
no obstante nunca evade la materia, a la que espiritualiza.
84  La *muerte,* omnipresente en todos los poemarios de Bergamín hasta llegar a una reiteración obsesiva.

Escucharé tan solo
sus pasos que se alejan
y me diré a mí mismo:
no ha venido, no es ella.

85

CREPÚSCULO

Apenas si en el cielo
profundo de la tarde
una sombra de humo
adormece el paisaje.

Pulsando en las estrellas
su palpitar de sangre
el corazón se siente
prisionero del aire.

86

Tengo miedo de encontrarme
solo en medio de un camino
por el que no pasa nadie.

Por el que no pasa nadie
porque es un camino largo
que no va a ninguna parte.

---

86 Alusión velada al inicio del Canto I de Dante Alighieri,
*Comedia. Infierno*: "Nel mezzo del cammin di nostra vita /
mi ritrovai per una selva oscura (...)". En español hay una
bella traducción de Ángel Crespo, cfr. bibl.

87

Hay un silencio que dice
y otro silencio que calla
lo que el corazón quisiera
que dijeran las palabras.

Que dijeran y callaran
lo que calla y lo que dice
en la noche la estrellada.

88

Como el cuerpo y su sombra
y la sombra y su llama,
separados y juntos
se acercan y se apartan,

tu vida de mi vida,
mi alma de tu alma,
se apartan y se acercan
y nunca se separan.

89

Si quieres mirar la luna
no la busques en el cielo:
lo que están viendo tus ojos
ya no es más que un astro muerto.

87 El silencio de la noche estrellada nos habla de la ultimidad,
   del fin —y del principio.
88 Bergamín escribió poemas amorosos en coplas breves de
   una grande y singular belleza, muy sugerentes, basados en
   la paradoja y en el encuentro de opuestos. Ver también
   núms. 89 y 90 por ejemplo.

La luna bajó a la tierra
hace muchísimo tiempo:
mírala en tu corazón
desvelada por su sueño.


### 90

Tu vida es como una llama:
la mía es como una sombra
que de ti no se separa.

¡Ay!, cuando tu luz se apague
la sombra nos juntará
como si nos separase.


### 91

Me estoy sintiendo morir
y al sentirlo me parece
sentir que no soy el mismo
el que siente que se muere.

Que no soy yo el que lo siente
porque es otro y no a mí
al que se lleva la muerte.


### 92

Somos alma y somos tiempo:
somos quietud aparente
y aparente movimiento.

Somos la piedra y el viento.
Somos el río que corre
y el árbol que se está quieto.

92 Panteísmo y trascendencia simultáneamente, como vimos.

Somos lo que estamos siendo
cuando menos lo pensamos,
cuando menos lo queremos.


93

Tiempo es remanso del alma.
Alma es remanso del tiempo.
Vivo porque estoy soñando.
Sueño porque estoy viviendo.

La vida es sueño y no es vida.
El sueño es vida y no es sueño.
El alma es tiempo y no es alma.
El tiempo es alma y no es tiempo.

Lo que miro, lo que escucho,
lo que toco, lo que siento,
lo que creo, es y no es
tiempo y alma y vida y sueño.


94

Mi poesía no es mía ni es poesía:
apenas si es un eco del silencio
que se abre entre tú y yo cuando callamos
los dos al mismo tiempo.

Cuando sentimos que calladamente
se apaga como el fuego
en nuestro oscuro corazón vacío
el latido sonoro de los versos.


93 Juega a la manera barroca con el conceptismo de la paradoja que produce la reflexión sobre opuestos.

## 95

### ARTE POÉTICA

No dejes de escuchar el canto oscuro
que es cadencioso eco
de la palabra, dilatada sombra
que cobija al silencio.

Porque el "decir de amor" de la poesía,
antes de "trasmutar el pensamiento
en sueño", es una música que lleva
otra música dentro.

Toda forma es la forma de otra forma
que escapa de sí misma para serlo
y acompasa su paso con el paso
huidero del tiempo.

Por eso el corazón, con el latido
de la sangre, a tu verso
le da el ritmo sonoro y luminoso
de su estremecimiento.

## 96

Cuando se pierde el sueño
con el sueño se pierde para el alma
la realidad del tiempo.

Como si el pensamiento
del paso perezoso de las horas
se quedara suspenso.

96 El *soñar la vida* es otro tema, muy calderoniano, típico de
Bergamín.

Como si en su desvelo
el corazón sintiese arder la llama
que le va consumiendo.

### 97

Cuando pongas tus manos en mis ojos
para cerrarlos, aunque yo esté muerto,
sentiré todavía la caricia
del peso de tus dedos.

Sentiré que acaricias suavemente
mi corazón con ellos,
ciñendo con tus manos en mi alma
la mortaja del sueño.

### 98

Cuando yo vuelva, si vuelvo,
tú no estarás esperándome;
ni te volveré a encontrar
por más que quiera buscarte.

Ya no volveré a sentir
contigo mis soledades;
ni hundiré mi corazón
en la noche de tu sangre.

No volverán las estrellas
(las mismas que tú miraste)
a parecer encenderse
y a parecer apagarse.

Ni volveré a ver tu misma
sombra de llama en el aire.
Ni el mismo rayo de luna
tembloroso entre los árboles.

### 99

Si la muerte me da tiempo
de que la sienta venir
quiero salirle al encuentro.

Quiero salirle al encuentro
al menos para sentir
que todavía no estoy muerto.

Que todavía no estoy muerto
y que le puedo decir
"si te he visto no me acuerdo".

### 100

Como quien oye llover    .
te pido que oigas mis versos:
con atención tan profunda
como se escucha el silencio.

Como se escucha a los árboles
cuando los menea el viento,
y caer, como hojas secas,
las horas muertas del tiempo.

Como el crepitar sonoro
de las llamas en el fuego,
y en los cielos el callado
arder de los astros muertos.

99 Con aire de copla popular, se enfrenta el poeta a la
   muerte.
100 Los versos del poeta deben ser escuchados con atención
   casi religiosa, la misma con que se asiste al espectáculo de
   la naturaleza.

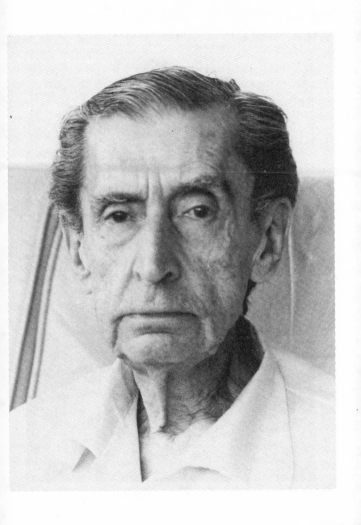

José Bergamín en Fuenterrabía, agosto de 1978.

José Bergamín con su mujer,
en Fuenterrabía antes de la guerra.

## 101

No veo, no te veo si me miras,
pero oigo, si la escucho, tu mirada;
porque mi corazón, oscuro y hueco,
se hace eco de tu alma.

Mas cuando dejas de mirarme, siento
que el hielo de un silencio me traspasa
el corazón, como una muda sombra.
Y no veo ni oigo nada.

## 102

Me escondo de mí mismo en las palabras
huyendo de un silencio
que abre a mi corazón el tenebroso
abismo del infierno.

Huyendo de una muerte tan callada
que apenas si la siento
como el vuelo de un pájaro invisible
posándose en mi sueño.

Como el vuelo de un pájaro que huye
como huye el pensamiento
del infinito espacio que le miente
la estrellada del cielo.

103

> Una peregrina tan peregrina
> que iba sola.
>
> CERVANTES

Soy peregrino en mi patria,
y tan peregrino en ella,
que voy solo, y voy andando
sin casi pisar su tierra.

Su tierra "que toda es aire"
para mí, como si fueran
mis pasos los de un fantasma
que pasa sin dejar huella.

104

Pon tus manos en mis ojos
para que sienta mi alma
otra visión más profunda
de la que al mirar alcanza.

Para que sienta en mis párpados
una caricia tan larga
como la noche del tiempo
que mi corazón apaga.

105

Yo siento que mis palabras
conforme las voy diciendo,

103 Alusión al título de Lope de Vega, *El peregrino en su
    patria*. Bergamín se sentía un peregrino en su patria, y al
    mismo tiempo un fantasma desarraigado.
105 Las palabras pasan, como el tiempo.

se van quedando vacías
de vida y de pensamiento.

Se van quedando en el aire
prisioneras de sus ecos,
y caen, como las hojas
del árbol, en el silencio.

Caen como caen muertas
las horas, fuera del tiempo.
Y se apagan en mi voz
como en la ceniza el fuego.


### 106

No hay que matar la blancura
como la mata lo negro:
no hay que matar una luz
como las llamas de un fuego.

Hay que matar sin matar
igual que nos mata el tiempo:
como nos mata el olvido;
como nos mata el silencio.

Hay que matar, en la página
blanca, su blanco desierto
silencioso, despoblándolo
de fantasmas y de sueños.


### 107

El corazón está cansado y triste.
El alma se adormece en su silencio.
El eco de la voz se va apagando
como se apaga en la ceniza el fuego.

La apariencia ilusoria de las cosas
va poco a poco desapareciendo.
Sin sentir, sin soñar, se va quedando
vacío el pensamiento.


### 108

La muerte te está esperando
hace muchísimo tiempo;
tú te haces el distraído
porque no quieres saberlo.

Aunque no quieras saberlo,
y vayas a donde vayas,
tus pasos van a su encuentro.

Y si te quedaras quieto,
mientras más quieto te quedes
más te irás quedando muerto.


### 109

Como el pájaro en su cante
tienes más alma que cuerpo,
más pensamiento que sangre.

No estás en ninguna parte
y te pierdes en tu vuelo
por los caminos del aire.


108 Reflexión sobre *la propia muerte*. Manuel Altolaguirre
    expresó el tema asociándolo al amor, de otra manera: "Mi
    vida está enamorada,/ su prometida es la muerte", en *Las
    islas invitadas*, poema "Roca maternal te olvido".
109 Espiritualismo del poeta.

110

¡Ay!, la viva llama
que en tus ojos arde
tiembla en tu mirada.

Se apaga en tu sangre,
como tus palabras,
temblando en el aire.


111

Las nubes que el viento lleva
van navegando en el cielo
como barcos a la vela.

Como el velero en la mar
lo que a la nube le importa
no es vivir, es navegar.


112

Mi corazón tiene miedo
de sentirse oscuro y solo
de sí mismo prisionero.

De sentir que en el silencio
tenebroso de su sangre
late el corazón del tiempo.

---

110 El *temblor* alude a la enseñanza de Kierkegaard, *Temor
y temblor* (1843) y la angustia ante la ultimidad final,
unida al pensamiento religioso. También en el ensayo de
Bergamín.
112 Percepción del tiempo en el interior del hombre.

113

Yo estoy en un mundo vivo.
Tú estás en un mundo muerto.
El tuyo es el del ruido.
El mío es el del silencio.

Son dos mundos separados
que están cerca y están lejos
uno y otro, porque están
los dos en un mismo tiempo.

Y son mundos tan extremos
(infernales y celestes)
que se tocan en su centro.

Dos mundos y un solo sueño.
Tú te has dormido en el tuyo.
Yo en el mío estoy despierto.

114

La noche oscura del alma
cuando se acaba la vida
se vuelve una noche clara.

Una noche que traspasa
más allá de las estrellas
la raya de luz del alba.

113 Alusión a San Juan de la Cruz y su *Canción del alma...*,
que empieza "En una noche escura (...)".

115

Ventecico murmurador...

POPULAR

Un ventecillo suave
estremece el agua quieta
en que se miran los árboles.

Hacen temblar su ramaje
con un melodioso son
los dedos finos del aire.

Entre los dedos del aire
se rompe el cristal sonoro
del silencio de la tarde.


116

Me parece que siento
latir mi corazón como si fuera
el corazón del tiempo.

Latido de una sangre
que apenas si la pulsa, con sus dedos
invisibles, el aire.


117

Yo no tengo más que un alma
y tú tienes tres o cuatro:
una para cada tiempo
que es cada estación del año.


115 Percepción de la naturaleza con sentido simbólico.

JOSÉ BERGAMÍN

Una helada en el invierno,
otra ardiente en el verano;
y en primavera y otoño
otras dos que van cambiando.

# VELADO DESVELO
(1973-1977)

## 118

Se han perdido en la noche de tu alma
las sombras y los ecos
del fuego llameante de una voz
que se apagó en el tiempo.

Se han perdido en tu noche solitaria
olvidos y recuerdos
como la muchedumbre de los astros
que se pierde en el cielo.

Y en tu vacío corazón oscuro
se pierde el pensamiento
para darle a tu sueño pesaroso
su velado desvelo.


## 119

Todo parece que está
tan quieto, tan extasiado,
como en el fondo del mar:

118 Desde este poema al 159 inclusive pertenecen a *Velado
  desvelo (1973-1977)*, volumen IV de la edición de Turner.
  Apareció a principios de 1978 y recoge poemas escritos
  desde 1972, en que terminó *Apartada orilla,* a 1977.
    El título creemos tiene que ver con el sueño y la duer-
  mevela. No en vano el libro va introducido por una cita de
  Unamuno: "al fin despertarás por debajo del sueño...". El
  tema del *sueño* y la *vela* son fundamentales en Bergamín.
119 La poesía de Bergamín va ganando en sugerencia y en

tan transparente, tan claro,
tan maravillosamente
en silencio sepultado,

como si todo no fuese
más que un sueño al que despiertas
del lado allá de la muerte.


### 120

Hay una música en ti
y otra fuera de ti misma:
las dos guardan un silencio
que en tu corazón palpita.

Un melodioso silencio
que espanta y que maravilla
como el del eco sonoro
de una máscara vacía.


### 121

Me he dormido en un sueño luminoso
en que me parecía
sentir sobre mis ojos la ternura
de unas manos de niña.

Y en la dulce ceguera que me daban
con su blanda caricia
despertaba mi sueño en otro sueño
más claro todavía.

---

capacidad de síntesis de sentimientos. Su estilo, dotado de
una transparencia particular, alcanzará su cima en *Esperando la mano de nieve*.

122

Yo no estoy esperando
lo mismo que tú esperas:
tu esperanza está lejos
y la mía muy cerca.

Como una noche larga
que alumbran las estrellas
es la tuya; la mía
un cielo que alborea.

123

Lo que yo estoy esperando
no es lo mismo que tú esperas:
pero los dos esperamos
que llegue lo que no llega.

Tu esperanza está en la vida
y la mía está en la muerte.
Y los dos desesperamos
de estar esperando siempre.

124

Por debajo del sueño de la vida
no es sueño el de la muerte:
es despertar del alma que dormía.

Que dormía y despierta de repente
a una noche que vela su desvelo
de eternidad durmiente.

124 El *despertar* el alma del sueño de la vida es tema típicamente barroco y calderoniano, expresado aquí en poema
breve, de estilo moderno.

### 125

La música que en la noche
se callan los astros muertos
vuelve sonoro el oscuro
espanto del pensamiento.

Y llena de otro espantable
y más oscuro silencio
el corazón, que lo siente
como el latido del tiempo.

### 126

El alma tiembla en la noche
oscura del pensamiento
como tiembla en el latido
de tu corazón el tiempo.

Como las hojas del árbol
tiemblan en el aire quieto
y en la estrellada celeste
está temblando el lucero.

### 127

Yo tengo sueño, tú, vida
por la ilusión desvelada.
Tú esperas como yo espero
y callo cuando tú hablas.

Yo sé que adonde tú vas
no hay más que un nunca y un nada.
Pero no soy yo quien puede
decirte a ti que no vayas.

126 Temblor kierkegaardiano ante la ultimidad y la trascendencia. Cfr. también núm. 110.

## 128

Son tan tontos que no saben
que la verdad de verdad
sabe a ceniza y a sangre:

porque todas las verdades
para serlo de verdad
tienen que arder y quemarse.

## 129

La vida tendría sentido
si traspasara la muerte
con su sentir dolorido:

un sentir de lo vivido
que fuese mucho más fuerte
que el recuerdo y el olvido.

## 130

Si alguna vez sintieses todavía,
cuando yo me haya muerto,
arder, como una llama temblorosa
en tu alma, mi recuerdo,

piensa que, más allá de los espacios
invisibles del tiempo,
perdido entre las sombras infernales,
yo te sigo queriendo.

128 Muchos poemas parecen aforismos puestos en verso. Sus poemas tienen a veces ese sentido de experiencia de la vida contada en verso breve. Bergamín dominó el arte del aforismo.
129 Cfr. nota anterior.
130 Tema romántico del amor más allá de la muerte.

131

Me siento solo, muy solo,
tan solo que tengo miedo
de sentir mi soledad
como si estuviera muerto;

como una sombra sin llama
como un viviente esqueleto,
como un fantasma perdido
en la oscuridad del tiempo.

132

Tú estás muy lejos de ti.
Yo muy lejos de mí mismo.
Y tus lejos me parece
que se acercan a los míos.

Como si en su lejanía
para volverse más íntimos
se tocaran al extremo
de un imposible infinito.

---

131 El tema del *fantasma* es otra de las reiteraciones, muy
bellas, de nuestro poeta, el fantasma de sí mismo, lo que
Alberti llamaría *El Hombre Deshabitado*, con influencia
calderoniana.
   Un aspecto típico de la poesía de Bergamín es la
expresión de sus miedos. Aunque sean miedos trascen-
dentales: al silencio, a la muerte, a la soledad. Todo ello
confiere a su obra un cierto aire de desvalimiento
encantador, que es al mismo tiempo expresión profunda
de intimidad. Bergamín es un poeta fundamentalmente
intimista, como lo fuera Bécquer con sencillez semejante.

133

Lo que llamas realidad
es verdadera mentira
y mentirosa verdad.

La realidad, como el sueño,
no es ni verdad ni mentira
fuera de tu pensamiento.

Fuera de tu corazón
la verdad y la mentira
son una vana ilusión.


134

Una caricia oscura,
una caricia lenta,
en la penumbra verde
de los árboles tiembla.

Dedos del aire, ciegos
huéspedes de la niebla:
mano de helada sombra
que acaricia la piedra.

Un silencio sonoro
que cae de las estrellas
como invisible lluvia
que la noche aposenta.


133 Duda de la realidad, y afirma frente a ella la evidencia de
lo soñado por el espíritu. La realidad es ilusión pasajera.
El poeta mira al interior. Es el mismo pensamiento de los
autores áureos, pero expresado en versos desprovistos de
retórica, con expresión directa y transparente.

135

Tú me darás tu sueño.
Yo te daré mi alma.
Tú, tu claro silencio.
Yo, mi oscura palabra.

Yo te daré mi sombra.
Tú me darás tu llama.
Y escucharemos juntos
lo que la noche calla.

136

Se va apagando mi alma
como se apaga en la noche
una mortecina lámpara.

Siento que otra soledad
que no es la mía me espera
dentro de la oscuridad.

137

Deja de hablar. ¿No ves que cuando hablas
apagas el amor con el ruido
vano de tus palabras?

135  La relación amorosa se expresa por una dinámica de opo-
     sición que conduce a la unión final, aquí en la contempla-
     ción ante el silencio de la noche.
137  El amar en silencio. El *amor* es una experiencia trascen-
     dental, que alude a la *noche del alma* de San Juan. Por eso
     se entiende mejor en la contemplación silenciosa. El ruido
     de las palabras es un estorbo al sentimiento, como ya
     hiciera notar Rilke.

¿No sientes, cuando callas,
que ilumina el amor con el silencio
la noche de tu alma?


### 138

Como cae la nieve en leves copos
van cayendo en mi oído tus palabras
cubriendo con su manto de blancura
la noche de mi alma:

velando de un silencio estremecido
la música callada
que al corazón le cantan desde el cielo
las mágicas estrellas solitarias.


### 139

Las horas que da el reloj
son horas que yo no cuento.
Mi tiempo no tiene horas:
yo vivo fuera del tiempo.

O es que lo vivo por dentro
y no lo puedo contar
porque lo estoy desviviendo.


### 140

¿Quién sabe y quién no sabe lo que son
las cosas de la vida?

139  El poeta tiene *otro* tiempo.
140  El poema como pregunta.

¿Quién sabe si es que pasan o se quedan
al aire vago asidas?

¿Quién sabe si se mueren las estrellas
con el naciente sol de cada día:
y con el sol que muere en el poniente
de noche resucitan?

¿Quién sabe y quién no sabe si en tus ojos
cuando lloran se enciende una sonrisa
que arde en la noche oscura de tu alma
como una llama viva?


### 141

Cuando tú me miraste
yo sentí tu mirada
como un velo de sombra
que ceñía mi alma.

Como una oscura noche
que espera la alborada
y en la escondida lumbre
del corazón se apaga.


### 142

Pasa el tiempo como el viento,
corriendo y dejando atrás
algo que se queda quieto.

Quieto está el cauce del río
lo mismo si corre el agua
que si se queda vacío.

### 143

Yo sé que tú nos callas
otra voz que es más tuya que la voz
con la que tú nos hablas.

Porque sé que tú sabes
que hay otra voz en ti que tú no quieres
que nunca escuche nadie.

Pero llegará un día
en que tu voz será la voz callada
que guardas escondida.

### 144

Calló tu voz y se apagó en la sombra
cenicienta su eco.
Todo en la noche parecía quedarse
calladamente quieto.

Como si el corazón ya no sintiera
apagarse en su sueño
con el latido oscuro de su sangre
el luminoso arder de los luceros.

### 145

El mar se llama el mar y el cielo el cielo:
tierra la tierra, luz la luz y el aire
se llama el aire, como el fuego el fuego.

143 *Otra voz* que es la auténtica, la del interior. El *otro* que
     hay dentro de nosotros mismos, como un fantasma que
     nos habita, es el *yo* verdadero para Bergamín.
145 Los nombres de las cosas.

Y todos esos nombres, separados
o juntos, son el eco
de un corazón vacío y solitario
extraño al universo.


### 146

La catedral es una jaula
en la que Dios no quiere entrar
porque sabe que es una trampa:

es como el hueco de una máscara
en cuyo espacioso vacío
el Diablo se encuentra a sus anchas.


### 147

Siento que el tiempo que pasa
se queda quieto un instante
en el espejo del alma:

como si el alma quisiera
extasiarlo en un momento
de eternidad pasajera.


146 Recuerda lo que decía Víctor Hugo: "Dios está en la iglesia, pero cuando aparece el cura se va". Heterodoxia y
anticlericalismo en la religiosidad interior de Bergamín,
quien sin embargo ostentó un catolicismo militante y con-
fesional —progresista— en sus ensayos.
147 El tema del *instante*. También en Juan Ramón, Guillén y
O. Paz. Con más belleza en Bergamín, quien le confiere
más lirismo.

148

Yo me moriré una noche
cerca de la madrugada,
antes de que rompa el día
la fina raya del alba.

Me dormiré en otra oscura
noche que nunca se acaba;
y soñaré ese otro sueño
en que no se sueña nada.


149

Yo andaba por un camino
sin saber por dónde andaba,
cuando me encontré contigo.

Y andaba yo tan perdido
que al encontrarte creí
que me encontraba a mí mismo.


150

La mano blanda del viento
que acaricia los olivos
pulsa en sus hojas el canto
de un silencio estremecido:

como el que esconde el arroyo
del agua huyendo entre guijos;

148 La propia muerte es soñar ese otro sueño en que no se
sueña nada. Pese a su sentimiento religioso, la *nada* de la
muerte acosa al hombre.
149 Identificación entre el *yo* y la amada. Encontrarse con la
amada es encontrarse consigo mismo.

como el que abisman los astros
en el espacio infinito.


### 151

Decir de lo indecible es la poesía,
pero un decir tan mudo
que, sólo por decirlo, se diría
que es un decir desnudo.

*Decir de amor.* Oscura melodía
que palpita en la luz de la estrellada
y pulsa el corazón en su agonía
del sueño de su sangre aprisionada.


### 152

Tengo el otoño en mi mano
como una rosa marchita;
como una lumbre apagada;
como una oscura caricia.

Tú lo tienes en tus ojos
como una leve sonrisa
que en el fondo trasparenta
una tristeza infinita.


### 153

Tú estás hablando un lenguaje
que no es el tuyo ni el mío:

---

151 Definición de la poesía como "decir de lo indecible",
   "decir desnudo" y "decir de amor". No hay tiempo para lo
   superficial.

tus palabras son el eco
de un pensamiento perdido.

De un pensamiento que huye,
en la noche, de sí mismo,
como una sombra de humo
en el espacio infinito.

154

Me han tomado por otro.
Ninguno me conoce.
Me miran: no me ven.
Me escuchan: no me oyen.

Me he perdido en el tiempo
como el eco de un nombre.
Me iré pronto de mí.
Y sin saber adónde.

155

Tú no me quieres querer
y yo no quiero quererte:
y por no querer estamos
los dos queriéndonos siempre.

Tú estás en lo que no estás.
Yo estoy en lo que no estoy.
Tú no sabes dónde vas.
Y yo no sé dónde voy.

Y los dos vamos estando
cada vez un poco más
en lo que estamos soñando.

156

Mírate en mis ojos
y verás en ellos
la imagen oscura
de tu claro sueño.

Sueño de una sombra,
velado desvelo,
cenicienta brasa
de dormido fuego.

157

La mano con que llama
hoy la muerte a mi puerta
es la mano de sombra
de una esperanza muerta.

La mano que me esconde
el eco que despierta
velando mi desvelo
de claridad desierta.

158

esperando la mano de nieve...

G. A. BÉCQUER

He vivido velando mi desvelo
de ilusión trasparente:

156 *Soñar* no es para Bergamín sólo dormir, sino ensoñar,
imaginar, volar con el espíritu más allá del cuerpo. En sus
ojos está el claro sueño de la amada que le mira.
157 Preludio de lo que será su siguiente poemario, de título
becqueriano, *Esperando la mano de nieve.*
158 También en este siguiente poema, que une el *velado*

despertando de un sueño en otro sueño,
pero soñando siempre.

La irrealidad ilusoria de ese sueño
es cada vez más tenue:
y el luminoso velo que la ciñe
siento que va a romperse.

Como si, ciego, el corazón sintiera
que una mano de nieve
pulsara en el latido de su sangre
la angustia de la muerte.


159

al fin despertarás por debajo del sueño
sin llegar a gustar la carne de tu empeño
cansado corazón.

MIGUEL DE UNAMUNO

Siente mi corazón, cuando se siente
agonizar a solas, su vacío
sentir, como el cansancio pesaroso
de un silencio infinito.

---

*desvelo* y la *mano de nieve* como temas. Los títulos de los
poemas de Bergamín están dotados de una gran carga
simbólica de pensamiento y corresponden, como toda su
poesía, a una profunda reflexión acerca de la vida y el
todo.

159 El poemario *Velado desvelo*, que aquí acaba, se abría con
una cita de Unamuno interrumpida, y ahora la recoge
completa. El tema del sueño lo tomó Bergamín de Calderón, de Machado y de Unamuno, pero lo adaptó con profundidad peculiar a su propio y personal pensamiento
poético.

Y es tanto su desvelo que, al velarlo
de sueño sin sentido,
siente que por debajo de ese sueño
nunca despertará del sueño mismo.

# ESPERANDO
# LA MANO DE NIEVE
## (1978-1981)

## 160

Si la sombra no fuese más que sombra
y el eco sólo eco
no sería la llama luminosa
ni sonoro el silencio.

No tendría la voz por la palabra
corporeidad de tiempo;
ni la luz por su clara trasparencia
lejanía de sueño.


## 161

Mi voz se va perdiendo en la penumbra,
más allá de su eco,

160 Desde este poema hasta el número 221, corresponde a
*Esperando la mano de nieve (1978-1981)*, quinto volumen
de la edición de *Poesía* de Turner. Este poemario apareció
previamente también como volumen aparte, en 1982, en la
colección Beltenebros de Turner, pero los poemas tenían
variantes y estaban ordenados de modo distinto al de la
edición en el quinto volumen mencionado, de donde tomo
los versos por ser la última versión revisada por el autor.
　　En este poema Bergamín afirma que las cosas tienen
una dimensión de profundidad más allá de lo que parecen,
desde la perspectiva metafísica de su sueño.
161 El tema de la *sombra* y del *sueño* se convierte ahora en
una evocación de la memoria del tiempo pasado y una
reflexión acerca del paso del tiempo.

como la sombra, huida de la llama,
más allá de su fuego.

Los ecos y las sombras de mi vida,
despojos de su sueño,
se pierden en la oscura lejanía
invisible del tiempo.

162

Cuando yo de la vida que vivía
fui a buscar a la muerte, ya no estaba
donde yo me esperaba que estaría.
Y me senté a esperar, porque pensaba

que, al cabo, llegaría
si yo pacientemente la esperaba
un día y otro día.
Y la sigo esperando todavía.

163

Oigo tu voz como el rumor lejano,
melodioso, del agua,
y que, más que sentirlo, se presiente
en la corriente clara.

163 Evocación becqueriana, no sólo por la mano de nieve sino
por las cuerdas del arpa. Cfr. la *Rima* núm. VII (13) de G.
A. Bécquer: "(...) veíase el arpa./ ¡Cuánta nota dormía en
sus cuerdas,/ como el pájaro duerme en las ramas,/ esperando la mano de nieve / que sabe arrancarlas!" Para Bergamín el amor es capaz de pulsar esas cuerdas en el
corazón del hombre. El tema del arte y de la muerte se
someten al tema del amor —"tu voz como el rumor
lejano".

Como el de un leve canto adormecido
en las cuerdas del arpa
que una mano de nieve acariciase
apenas sin pulsarlas.


## 164

Todo lo que antes dije y lo que ahora
quisiera estar diciendo,
enmudece en el aire estremecido
de un solo, último verso.

Ultimo verso que no dirá nunca
mi voz, ni tendrá eco
más allá del misterio tembloroso
de su propio silencio.


## 165

Tal vez porque no quise de mí mismo
dejar a los demás memoria amarga,
adentrándose en mí, sin yo quererlo,
se me quedó en el alma.

Y le ha dado su dejo de amargura
a mi voz solitaria
un eco melodioso y dolorido
de su desesperanza.

165 Hay más esperanza en los ensayos católicos de Bergamín, *El clavo ardiendo*, *El pozo de la angustia* etc. Su
poesía, que parte de la metafísica barroca, la adapta al
pensamiento moderno y plantea la duda, la desesperanza ante la nada de la muerte, aunque hay la esperanza en la luz del sueño que llevamos dentro del sueño
de esta vida.

## 166

Tu corazón es del aire.
Del aire es tu pensamiento.
Como es del aire tu alma.
Como es del aire tu cuerpo.

Toda tú fuiste del viento;
como la llama en la lumbre;
como la nube en el cielo.

## 167

Te echo de menos
como se echan de menos las estrellas
cuando se nubla el cielo.

Como se echan de menos,
la lluvia que golpea en los cristales
y la llama en que arde el leño seco.

## 168

Se fue la luz. La tarde anochecida
en la penumbra del jardín descansa.
Se siente, se presiente, se adivina
apenas, en la hora sosegada,
brisada por el aire atardecido,
leve rumor de ramas.

Por el largo camino, que aún blanquea,
de la noche que avanza,

---

166  Bergamín ha escrito algunos de los poemas breves amorosos
más intensos de nuestra literatura en este siglo, y ello no es
una exageración. Su poesía sugiere, dibuja y se escapa, como
un pensamiento poético sembrado en el alma del lector.

huyendo del poniente luminoso
dos sombras se separan.

Como un vuelo perdido en lejanía,
la claridad del alma
se esconde en el oscuro, tenebroso
corazón de su llama.

Y en el cielo se enciende, de repente,
la estrella solitaria.


## 169

Siento que se apagan mis ojos,
como se ha apagado mi voz:
como se apagó en mis oídos
del agua huidera el rumor.

Como se ha apagado la llama
de mi sangre en mi corazón:
como en el alma se me apaga
el eco sonoro de Dios.

169 Esta confesión afectiva recuerda a *De las poesías juveni-
les (1897-1898)* de Rainer María Rilke, traducidas por
José María Valverde en 1967: "Siento a menudo en tími-
dos temblores / qué hondo estoy en la vida. / Las palabras son sólo las murallas./ Detrás, en montes más y más
azules, reluce su sentido. (...)" Cfr. igualmente el poema
número 247 de esta antología. También en el tema del
silencio: "Y una vez que el silencio te haya hablado / concede la victoria a tus sentidos". Y el tema del sueño:
"Los sueños que en tu hondura están cercados,/ de la
tiniebla déjalos salir" y "Si eres el soñador, yo soy tu
sueño" —de *El libro de las horas (1899-1905)*—. Asimismo el tema rilkeano del ruido frente al silencio creador, en Bergamín.

170

El horizonte a mis ojos
se cierra cada vez más,
aprisionándome el alma
con la finitud total

de su soledad terrestre
que es celeste soledad.
Los muertos no están tan solos
como el hombre en la alta mar.

171

No hay nadie que a mí me diga
por qué mi vida se acaba.
Nadie que pueda decirme
por qué está triste mi alma.

Nadie que sepa por qué
tiembla, dentro de su jaula
de huesos, mi corazón,
sintiendo cómo se apaga

en mi voz el eco, apenas
sonoro, de mis palabras.
Escucho, miro y no oigo,
ni veo, ni siento nada.

172

Tú estás pensando en tu vida.
Yo estoy pensando en mi muerte.
Por eso es ya tan difícil
que tú puedas entenderme.

172  La distancia de años entre los amantes.

Y que yo pueda entenderte.
Porque lo que nos separa
nos separa para siempre.


173


En el paisaje manchego
se pierde toda la tierra
y se gana todo el cielo.

Es paisaje de ilusión
en que la razón se pierde
y se gana el corazón.

Paisaje de sueño vano
en que nace Don Quijote
y muere Alonso Quijano.


174


Lo que me está diciendo tu mirada
es mucho más de lo que tú quisieras
decirme con palabras.

Y es que, cuando te callas,
en el silencio de su noche oscura
tu corazón me habla.

---

173 Azorín, amigo de Bergamín, decía en *La ruta de Don Quijote* (1905), como Unamuno —otro gran amigo de nuestro autor— en *En torno al casticismo*, que Don Quijote era producto de las llanuras monótonas de la Mancha, donde "La fantasía se echa a volar frenética por estos llanos".

174 Amor espiritualizado en la mirada y el silencio.

175

A la mar, "que es el morir",
van los ríos a parar;
para volverse a dormir
y no dejar de soñar.

Un soñar, que es el vivir,
del que no hay que despertar.[2]
Tu corazón, como el río,
siente su cauce vacío.

176

Yo me iré lejos de aquí,
me iré cada vez más lejos,
hasta cruzar las fronteras
de la realidad y el sueño.

Y las huellas de mis pasos
se irán perdiendo en el tiempo
como el eco de mi voz
sepultada en el silencio.

177

El paisaje es fantasmal
a mis ojos de fantasma.
El sol de otoño platea
el oro que arde en sus brasas.[3]

---

175 Clara referencia a Jorge Manrique y las *Coplas a la muerte
de su padre*. Pero el morir es para Bergamín volverse a
dormir y no dejar de soñar, soñar que es vivir. Transforma
el tema clásico y le dota de un nuevo pensamiento lírico.

[2] Añado punto, errata en el original.
[3] Añado punto, errata en el original.

Se va volviendo ceniza
la tarde, que el sol apaga
al mismo tiempo que va
apagándose mi alma.

Esta sosegada paz,
esta silenciosa calma,
es la muerte la que viene
generosamente a dármela.

### 178

No escuches el ruido mentiroso
de un mundo estrepitoso y palabrero.
Escucha en el silencio de tu alma
tu corazón, que también es silencio.

Vienes de un mundo de mortal memoria
y vas a otro de inmortal olvido.
Entre los dos no sabes en cuál vives
ni quién eres tú mismo.

### 179

Aquí estoy en este ahora
que es como un ahora eterno:
un ahora en que soy niño
y soy joven y soy viejo.

Estoy aquí desde hace
ochenta años lo menos,
pisando esta misma tierra,
mirando este mismo cielo.

178 También recuerdo de la actitud contemplativa de Rilke.
179 Se despierta del sueño de la vida fuera del tiempo, en la
muerte.

Siento que cierra mis párpados
la pesadumbre de un sueño
del que no despertaré
ya, más que fuera del tiempo.

## 180

Poco a poco la luz se apaga en tu mirada,
al mismo tiempo lento con que se apaga el día;
se diría que la noche no llega, se diría
que el alma en la penumbra se queda iluminada

como una nube oscura que esconde su alborada
al poniente, escondiendo la claridad que huía;
como una cadenciosa, penumbrosa, sombría
prolongación sonora de música callada.

## 181

Todo lo que sabemos de la muerte
es que es el acabóse de la vida
como una noche oscura para el alma
a la que ha separado de sí misma.

Una noche tal vez en la que el sueño
se adentra en tenebrosa pesadilla
de la que nunca nos despertaremos
con el amanecer de un nuevo día.

181 Alterna esperanza y desesperanza respecto a la muerte.
Porque una cosa es la muerte teórica tal como aparece en
los tratados religiosos que sistematizan lógicamente un
pensamiento al respecto, y otra la muerte verdadera, la
inevitable, que es con la que se enfrenta el poeta: su propia y verdadera muerte.

### 182

Eres la sombra de una llama.
Eres el eco de una voz.
Eres la ceniza de un fuego
que para siempre se apagó.

De un fuego dormido en la brasa
ardiente de tu corazón
que soñó que se despertaba,
pero que no se despertó.

### 183

Primero se pierde la vida
y luego se pierde la muerte:
y entre los dos se pierde el alma
con todo el tiempo que se pierde.

Y cuando te encuentras perdido
del todo, en todo, y para siempre,
es cuando encuentras que, con todo,
lo mejor de todo es perderse.

### 184

Esperar, ¿por qué esperar?
si no hay por qué esperar nada,
si todo pasa y se queda
en el instante que pasa.

Quita de tu corazón
el peso de la esperanza

184 Cfr. nota anterior al poema núm. 181. Bergamín propone,
de modo heterodoxo, suprimir la esperanza para que el
alma respire con más libertad.

y sentirás que respira
con más libertad tu alma.

Sentirás cómo su noche
oscura se vuelve clara
y en el lejano horizonte
empieza a rayar el alba.


### 185

Apenas cierra mis ojos
la pesadumbre de un sueño,
me siento fuera de mí
como un fantasma del tiempo.

Como el eco de una voz
o la ceniza de un fuego;
como una estrella que tiembla
en el abismo del cielo.


### 186

Siento que se acerca, que se va acercando,
que me está cercando la postrera muerte.
Viene tan callada y tan escondida
que no lo parece.

Y lo que más siento es que no la siento,
que entre tantas muertes,
yo no sé si es muerte, yo no sé si es mía,
la que por mí viene.

185 Fantasma de sí mismo, fantasma fuera del tiempo: otro
tema muy querido a nuestro autor. Intento lírico de pervi-
vir en el recuerdo, como una sombra fantasmal en la mente
del lector.

187

Soñaba que estaba muerto
y estaba solo en mi tumba
tranquilamente durmiendo.

Alguien velaba mi sueño.
Y yo escuchaba un profundo,
maravilloso silencio.

Y luego, mucho más lejos,
perderse como una sombra
la voz sonora del viento.

188

Los caminos del tiempo
son muy largos de andar,
porque los vas abriendo
con tu caminar.

Y andando, andando, andando,
nunca podrás llegar
más allá de los pasos
que no puedes dar.

Y si cuentas tus pasos
sólo podrás contar
tu vida como un cuento
de nunca acabar.

188  Huella de los *caminos* de Machado. La referencia final al
     "cuento de nunca acabar" coincide con el título de una
     obra posterior de Carmen Martín Gaite, de 1983.

189

¿Entiendes cuando escuchas lo que te dice el viento,
lo que te dice el río, lo que te dice el mar?
¿Entiendes cuando escuchas el melodioso canto
que silencia el abismo de la noche estelar?

¿Entiendes lo que dicen con ese entendimiento
que no puede decirse porque no puede hablar,
y que en tu corazón sonoro es como un llanto
que los ecos celestes no pueden acallar?

190

En la vida todo llega
pero todo llega tarde.
A la semilla, la flor
y a su fruto, madurarse.

Llega tarde a lo que llega
el que muere y el que nace.
Tardanza es el tiempo mismo
que nos hace y nos deshace.

191

Detrás de la noche oscura
hay siempre otra noche clara.
La oscuridad de la noche
es trasparencia del alma.

Del alma que está en tus ojos
trasparente en tu mirada
como una sombra que huye
del resplandor de la llama.

189  Panteísmo.

192

El tiempo que estás perdiendo
lo pierdes porque estás vivo.
Vivir es perder el tiempo.

Los que no pierden el tiempo,
y es porque ya lo han perdido
para siempre, son los muertos.

193

Cierra tú mis ojos
cuando yo me muera
para que en mis párpados
todavía sienta
la caricia viva
que en tu mano tiembla.

194

Por debajo del sueño de la vida
no es sueño el de la muerte:
es despertar del alma que dormía.

Que dormía y despierta de repente
a una noche que vela su desvelo
de eternidad durmiente.

195

¡Ay! El tiempo va pasando
sin que sepamos porqué
es tan corto y es tan largo.

193 Recuerda al poema núm. 97. Pero en esta ocasión ha
depurado la idea, con mayor sencillez aún.

Sin que podamos saber
si el que nos lo va contando
se equivocará tal vez.


## 196

Saltarines de tinieblas,
vagabundos del vacío,
sois mis mejores maestros
y mis mejores amigos.

Sois de tierra para el aire.
Para el fuego, de ceniza.
Y para mi corazón
sombras de su sombra huidas.


## 197

Si el sueño es vida, si la vida es tiempo
si el tiempo es alma:
¿qué despertar del sueño de la vida
es el que nos aguarda?

¿Qué despertar o qué dormir eterno
del alma, para siempre sepultada
por la mentida fábula engañosa
que le dio[4] la esperanza?

Si quieres que el dolor no desespere
tus amorosas ansias,
no tengas más que amor, pero no quieras
ni esperes nunca nada.

196 Bella evocación de la amistad bohemia.

[4] Elimino acento del original.

198

En todo hay cierta, inevitable muerte.

CERVANTES

De una luz, de una voz, de un sueño huido,
tu corazón que calla te lo advierte
al pulso de la sangre en su latido:
en todo hay cierta, inevitable muerte.

En el eco engañoso de tu oído;
en la llama que en sombra se convierte;
en tu cansado corazón vencido:
en todo hay cierta, inevitable muerte.


199

La sombra de la noche
cae sobre la tarde
que adormece el silencio
penumbroso del parque.

Apenas tiembla un alma
viviente en el paisaje
al vuelo tenebroso
que ha estremecido el aire.

Un último destello
de luz hiere el instante.
Y es una estrella muerta
la que en el cielo arde.


198  Bella glosa del texto cervantino. Muchos poemas de Bergamín son glosas de una frase iluminada.

## 200

Vivir es ver tramarse y destramarse
el tejido ilusorio de la vida
como la verde red que a Don Quijote
tejieron manos de melancolía.

Primero son manos de nieve albas
que arpegian melodías infinitas.
Al fin, será la mano de una sombra
que a su silencio sepulcral te invita.

## 201

Parece que la luz de las estrellas
se mira en tu mirada.
Y si cierras los ojos, de repente
parece que se apaga.

Entonces me parece más oscura
la noche de mi alma,
que abisma en las tinieblas de los cielos
la agonía del alba.

## 202

Las cosas que tú dices que ahora vuelven
son las que no se fueron:
las que en ti[5] se quedaron para siempre
como vivo recuerdo.

La visión luminosa de un instante
extasiado en el tiempo

---

200 Don Quijote, como Don Juan, están siempre presentes en
    la obra bergaminiana.

[5] Elimino acento del original.

como imagen de un sueño que ilumina
tu oscuro pensamiento.


### 203

Tú has rechazado un mundo que era el tuyo.
Yo he rechazado un mundo que era el mío.
Y ahora nos encontramos los dos solos
en un mundo vacío.

Un mundo que creemos otro mundo
y sigue siendo el mismo,
y en el que jugaremos a perdernos
como cuando jugábamos de niños.

Tú con tus manos cerrarás mis ojos
para guiarme por tu laberinto
y fingir que no estamos donde estamos,
que nos hemos perdido.


### 204

Se aleja como un canto de mi oído
la música callada de tu voz;
y otro canto que es música de llanto
calla en tu corazón.

Y en el silencio eterno de los cielos
para siempre cesó

---

203 El tema de la *infancia espiritual*, típico de la teología cató-
lica, también lo pudo tomar Bergamín de los versos de
Juan Ramón, en donde se encuentran ejemplos al respecto. Ver el prólogo de Juan Ramón a *Dios deseado y
deseante* en la edición de Sánchez Barbudo en ed. Aguilar.
Retornar a la niñez, a la visión de la infancia, que es la verdadera contemplación.

aquel[6] otro silencio que escuchábamos
como un canto, tú y yo.


### 205

La sombra de una nube es como el alma
temblorosa del aire,
que apenas deja huella de su paso
como un eco distante.

Y cuando al vuelo vivo de su llama
se duerme en el sosiego de la tarde,
es sombra entre las sombras, prisionera
del sueño de los árboles.


### 206

Se va apagando la luz
de la tarde, poco a poco
en los olivos de plata
y en los viñedos de oro.

Sombrea la tierra húmeda
el llamear de los chopos,
y paso a paso en la noche
se va adentrando el otoño.


### 207

He vuelto a mirar al cielo,
limpios de sueño mis ojos,

206  Errata reiterada en otros poemas, en el original: "vá". Los
     olivos plateados son personajes de la poesía de Machado.

6  Elimino acento del original.

y veo que las estrellas
me miran del mismo modo.

Siento que en su lumbre viva
arde un silencio sonoro.
Y late en mi corazón
otro sueño luminoso.


### 208

Viniste a mí como una luminosa
aparición en medio del camino.
Quise seguirte y tropezó mi pie.[7]
Y resbaló mi cuerpo en el abismo.


### 209

¡Ay! si tu mano de nieve
se vuelve mano de sombra
para guiarme y perderme.

¡Ay de mí! si por la muerte,
más allá de las estrellas
me perderá para siempre.


### 210

Yo me iré a la media noche
antes de la madrugada;

---

208 Reminiscencia de dos poemas de *Eternidades* de Juan
    Ramón: "Vino, primero, pura" y "Viniste a mí, lo
    mismo".
210 Una vez más, evocación de la propia muerte.

[7] Elimino el acento del original

me iré cuando todos duermen
sin que nadie sepa nada.

Y esa noche no veré
clarear la luz del alba;
ni escucharé entre la niebla
lejano son de campanas.


## 211

Siento que voy a morirme
mañana (¡siempre mañana!).
Como el que de oscura noche
despierta a la madrugada.

Y siento que estaré muerto
sin pensar ni sentir nada,
tal vez para que otro sueñe
lo mismo que yo soñaba.


## 212

La Muerte pasó a mi lado,
le pregunté a dónde iba
y a quién buscaba. Me dijo
que ella nunca lo sabía.

Le dije que me esperara.
Me dijo que tenía prisa;
y que tuviese paciencia
porque pronto volvería.


## 213

Hay sombras en la pared
y en el suelo y en el techo:

213  Referencia a Lope de Vega, *El caballero de Olmedo*, y los

me miran y no me ven;
las miro yo y no las veo.

Tal vez me sientan a mí
como yo a ellas las siento.
Como las oyó en el aire[8]
el Caballero de Olmedo.


### 214

Y brilla en el celeste abismo Lucifer.

RUBÉN DARÍO


Me está pareciendo el cielo,
de día como de noche,
abismo infernal del alma
que en su apariencia se esconde.

Sueño de una eterna muerte
el vacío de sus dioses.
Sepulcro de un solo Dios,
sin voz, sin eco y sin nombre.


### 215

Me olvidaré de ti
y olvidaré tu olvido;
olvidaré tu nombre;
me olvidaré a mí mismo.

---

presagios de muerte del caballero, que vienen recogidos en
una copla popular.

[8] Elimino punto del original, errata.

JOSÉ BERGAMÍN

Y cuando mi cansancio
me aparte del camino,
olvidando la muerte,
me quedaré dormido.


216

Recuerde el alma dormida
avive el seso y despierte.

J. MANRIQUE


Si está el alma dormida,
¿para qué despertarla?
¿Para qué despertar con el recuerdo
el sueño en que descansa?

Si la corta agonía de la muerte
puede hacerse tan larga,
¿por qué no adormecerla en el olvido
de su memoria amarga?


217

Todas las cosas se apagan
cuando se posa en la luz
la sombra de tu mirada.

Todas las cosas se callan
si se aposenta en el aire
el silencio de tu alma.


216  Glosa del texto de Manrique.

218

> Cayó una estrella en el lago,
> y el agua se volvió amarga.
>
> M. BARRÉS

Nada. No es nada.
Una sombra en el suelo
de la nube que pasa.
Y en los árboles altos,
leve temblor de ramas.

Una pequeña estrella
que se ha caído al agua
del estanque dormido,
y ha vuelto el agua amarga.
Nada. No es nada.

219

Ya no tengo alma.
Ya no tengo cuerpo.
No tengo tampoco
ni vida, ni sueño.

Tenga lo que tenga,
no sé lo que tengo.
Sólo sé que ahora
ya no tengo tiempo.

220

Amigo que no me lee,
amigo que no es mi amigo:

218  La Nada que le atenaza como futuro.
220  En el original, errata: "*más* que en aquello (...)"

porque yo no estoy en mí
mas que en aquello que escribo.

Yo estoy en mí en lo que escribo,
tal vez porque estoy en ti,
fuera de mí, y no conmigo.


### 221

*Ayer* no es más que un nombre,
una sola palabra,
que nos dice lo mismo
que *hoy* y que *mañana*.

Tres palabras que, juntas,
son una sola máscara
de la nada del tiempo,
del vacío del alma.[9]

---

221. Recordemos a Machado: "Hoy es siempre todavía", en
*Nuevas canciones (1917-1932)* (núm. CLXI *Proverbios y
Cantares* núm. VIII).

[9] Añado punto. Errata.

# CANTO RODADO

222

Dices que no te doy
más que palabras:
palabras volanderas
que no son nada.

Pero te engañas,
que la palabra es aire
y el aire es alma.

223

En la voz del agua
se juntan a un tiempo igual que en tus ojos
la risa y las lágrimas.

La corriente clara
junta en sus cristales la luz y la sombra
como tu mirada.

224

Al mar hay que mirarlo
mejor de lejos:

222 Los poemas que van desde el número 222 al 384 corresponden a *Canto rodado*, volumen VI de *Poesía* de la edición de Turner. Versa sobre el amor y la muerte.

igual que a las estrellas
y que a los muertos.

El mar y las estrellas
nos mienten siempre:
su mentira es tan pura
como la muerte.

### 225

La soledad de la ola
en la soledad del mar
es la soledad más sola.

### 226

Lo que seré, no lo sé.
Lo que he sido, no lo entiendo.
Total, que me quedaré
sin saber lo que estoy siendo.

### 227

Siempre que sueño contigo
es porque vuelvo a soñar
que era verdad tu cariño.

### 228

No es que tú me hayas dejado,
es que te has ido de un sueño
en el que yo me he quedado.

226 Muchas de estas bellísimas coplas tienen aire aforístico de
pensamiento sugerido, siempre desde la ironía del poeta
acerca de la vida y la muerte, o del sentimiento intenso del
encuentro en el amor.

229

Tú no tuviste la culpa.
Tampoco la tuve yo.
Sopló el Diablo en las brasas
y nos quemamos los dos.

230

El sueño que arde en tu alma
transparenta en tus mejillas
la viva luz de su llama:

y la noche en tu mirada
clarea el alborear
con ojos llenos de lágrimas.

231

Tú eras alma y yo era sueño:
nos separó, como un río,
el largo correr del tiempo.

232

Estoy tan desesperado
que no me acuerdo siquiera
qué es lo que estaba esperando.

232  Otra vez la pérdida de la esperanza.

### 233

Más que el infierno,
como a Pascal, me espanta
mirar al cielo.

### 234

El aire es más puro,
la luz es más clara
si tú abres los ojos
a la madrugada.

### 235

Al silencio y las palabras
el pensamiento los junta
y el corazón los separa.

### 236

Narciso de tu ateísmo,
no es que crees en que no hay Dios
por ese doble espejismo,
es que crees que no sois dos
y te crees Dios a ti mismo.

233 Pascal y sus *Pensées* son una fuente de reflexión constante
en la obra de nuestro poeta, tanto en el ensayo como en el
verso. La religiosidad de Bergamín está muy próxima a la
afectividad pascaliana. Cfr. también núms. 261 y 357
luego.
234 La naturaleza fundida a la visión de la amada.
236 Como en el número siguiente, contra el ateísmo.

### 237

La sima del ateísmo
no es abismo del no-ser:
es el no-ser del abismo.

### 238

Si juegas con las palabras
podrás perder la razón
en una sola jugada.

### 239

Jugando con las palabras
se juega con la verdad
y la mentira del alma.

### 240

Lo que más vale la pena
nunca llegará a valer
tanto como lo que cuesta.

### 241

Después que yo me haya muerto
te hablarán por mí los árboles
para decirte que escuches
lo que anda diciendo el aire:

241 Poema de raigambre juanramoniana. También hay un
tema semejante en la bellísima *Elegía de Sandua* núm.
XIII de Ricardo Molina. Aquí el tema adquiere una
expresión quintaesenciada de canción popular.

lo que apenas dice el aire
callandito, entre las hojas,
para que no lo oiga nadie.


### 242

No quiero que tú ni nadie
venga a cantarme sus coplas,
porque ya tengo bastante
con las que me canto a solas.


### 243

No hay luz si no hay sombra.
No hay voz si no hay eco
que a tu voz responda.


### 244

Cuando los silencios hablan,
unas veces dicen todo
y otras veces dicen: nada.


### 245

Es mentira el mundo
y es verdad la vida:
y es un sueño el alma
de los dos cautiva.


245 Frente al tema calderoniano de la vida como sueño,
    expone Bergamín una variante en esta influencia: la vida
    es la verdad.

246

Como en su fuego una llama,
como en su luz una rosa,
se apaga en su sueño el alma.


247

La presencia invisible de otro mundo
en éste, que ahora veo
como una evocación alucinante,
trastorna lo que siento:

y equivoca mis ojos al mirarlo
como equivoca un sueño
con su profunda realidad ilusoria
los éxtasis del tiempo.

Un pasado, presente; y un presente
que pasa a venidero,
suspenden el momento fugitivo
en un instante eterno.


248

Cada vez siento más hondo
todo lo que me separa
de todo, ¡ay!, y de todos.

Porque me voy separando
hasta de la soledad
en que me estaba quedando.

248 Ascendencia rilkeana de este poema, como también del
   anterior, número 247, sobre lo invisible. La soledad y la
   muerte son también asuntos profundamente rilkeanos, y
   se encuentran en este poema.

### 249

¿A dónde vas, caminante,
que nunca dejas de andar?
No voy a ninguna parte.
Camino por caminar.

### 250

Tú me dices que por ti
tengo el alma prisionera.
Pero no quieres decirme
que eres tú la carcelera.

### 251

Lo supieron las estrellas
porque te estaban mirando.
Y tú mirándote en ellas.

### 252

La muerte elige su hora
para venir a buscarnos.
Como nunca nos lo dice
no podemos enterarnos.

---

249 El *caminante* machadiano, con una nueva luz: no se va a
ninguna parte, el caminar es el único sentido del camino.
Visión heterodoxa de la religión. Sentido lúdico y vitalista
de la existencia.

### 253

No sé por qué me figuro
que me tengo que morir.
Pero no estoy muy seguro.

### 254

Lo que tú quieres decir
lo dice mejor el viento
al que se lo quiere oír.

### 255

Se te ahoga el pensamiento
cuando dejas de soñar:
porque el sueño es su elemento.

### 256

El silencio no es de oro,
ni la palabra es de plata:
que son de sueño y de sombra
como el corazón y el alma.

### 257

La mentira y la verdad
son dos nombres que le damos
a una misma realidad.

### 258

Si es un misterio la risa
otro misterio es el llanto.

Y la sonrisa un misterio
todavía más extraño.


### 259

Un pensamiento me mata:
porque al pensar en la muerte
estoy pensando en España.


### 260

Tu querer era mi muerte.
Yo no lo quise saber
por no dejar de quererte.


### 261

Yo quiero lo que tú quieres.
Tú quieres lo que yo quiero.
Y ninguno de los dos
sabemos lo que queremos.


### 262

¿Qué importa que el corazón
pueda tener sus razones
cuando no tiene razón?


262 Blaise Pascal (1623-1662), relacionado con la escuela de
Port-Royal y los jansenistas. Su obra más famosa, que
influyó notablemente en Bergamín fue *Pensées sur la reli-
gion*, apología de la religión cristiana, que defiende la
"lógica del corazón" —el corazón tiene sus razones que la
razón no entiende—.

263

No camines en lo oscuro,
que para el que anda en tinieblas
ningún camino es seguro.


264

No tener miedo a morir
no es valor, es cobardía:
el que no teme la muerte
es porque teme la vida.


265

No sabe el ave en su vuelo,
cuando más sube al volar,
que está tan lejos del cielo.


266

Dame la tierra y el mar
pero no me des el cielo,
dice el pájaro al volar.
Yo vuelo mirando al suelo.


267

Solos no están ni los muertos,
porque la muerte los junta
uniéndolos en su sueño.


267 Reminiscencia bequeriana. Cfr. *Rimas* (núm. LXXIII
(71)), "Cerraron sus ojos", con el estribillo: "¡Dios mío,
qué solos / se quedan los muertos!".

268

Aprendizaje del tiempo
es el saber de la vida:
lo que se aprende, se sabe;
lo que se sabe, se olvida.

269

A mí me queda del mundo
muy poquito que aprender:
pero es por ese poquito
que no lo puedo entender.

270

Un inglés es una isla.
Un chino es una muralla.
Un francés, la razón pura.
Un italiano, una máscara.

Un alemán es ahora
medio alemán con dos caras.
Y un español sigue siendo
orgullosamente nada.

271

Un marxista que habla chino,
y un marxista que habla ruso,
hablan lo mismo los dos
un semi-alemán confuso.

271 Ironiza con el tema del marxismo, lo cual en la época en
que escribe el poema, era comprometido.

272

Tiene el hombre de verdad
lo que tiene de mentira:
la mitad de la mitad.


273

Tú eres todo y eres nada.
Todo, si tu voz se enciende.
Nada, si tu voz se apaga.


274

Poeta: tus palabras
son las que nos dicen
que el decir es fábula.

Que el decir es fábula
que da Dios al hombre
como don de habla.


275

Hay silencios de oro
y silencios de plata:
porque hay silencios mudos
y silencios que hablan.

Y por esos silencios
nos dicen las palabras
menos de lo que dicen
y más de lo que callan.

---

272 Corrijo errata en el original: "vedad" por "verdad". Nuevamente los opuestos barrocos resueltos en paradoja.

276

Tú andas diciendo que yo
no soy el mismo que era:
pero no dices que soy
lo mismo que si lo fuera.


277

La muerte te está diciendo
lo que la vida te calla:
porque la muerte te dice
que de lo dicho no hay nada.


278

En tu mirada
el día se hace oscuro
la noche clara.


279

Tu infancia está en tu mirada
ardiendo con una risa
que te ilumina la cara.

Ardiendo en la viva llama
del sol que te prende en una
luminosa llamarada.


280

A veces en tu mirada,
como en un pozo profundo,
se hunde la noche estrellada.

281

La superficie del agua
tiembla cuando la acaricia
la sombra de tu mirada.

282

Memoria amarga de mí.

ZORRILLA: D*on Juan*

Lo que pasó, lo olvidé.
Lo que se fue, lo perdí.
Y nunca supe por qué
sólo en mí mismo encontré
"memoria amarga de mí".

283

Como el viento que se lleva
en tropel las hojas secas,
el tiempo en su torbellino
se lleva las horas muertas.

284

No espero ni desespero
ni de nadie ni de nada.
Porque ni nada ni nadie
tienen ninguna importancia.

## 285

Y andar, andar...

G. A. Bécquer

Andar y andar, siempre andar
sin llegar a ningún sitio.
Al fin se acaba el andar
y no se acaba el camino.

## 286

La vida es lo que se pierde.
La muerte es lo que se encuentra.
Y entre la muerte y la vida
el tiempo teje su tela.

## 287

Si al fin con la muerte empieza
la otra vida que decís,
yo no os lo cambio por ésta.

## 288

Lo que yo más he querido
lo he querido sin querer.
Y nunca quise creer
que era un querer sin sentido
por no quererlo tener.

### 289

Me estoy quedando tan solo
que estoy a solas conmigo
y creo que estoy con otro.

### 290

La muerte tiene caminos
que van más allá del sueño.
Son caminos de llanura
que se pierden a lo lejos.

### 291

Hay una barca que viene
del otro lado del río.
Y yo la estoy esperando
para embarcarme contigo.

### 292

Por si era o si no era,
por si es o lo será
se pierde la vida entera.
Y al cabo lo mismo da.

### 293

Al fin despertarás por debajo del sueño...

UNAMUNO

Hay por debajo del sueño
otro sueño más extraño:

más hondo, pero más leve;
más transparente, más claro.

Un sueño que no parece
un sueño, por serlo tanto.
Un sueño sin soñador.
Un sueño desensoñado.

### 294

La noche lo sabe todo.
Lo sabe pero lo calla.
Todo lo oye y lo ve.
Pero nunca dice nada.

### 295

Todo lo que pasa, pasa
porque se lo lleva el viento.
Lo que no pasa y se queda
sin pasar, se queda muerto.

### 296

Dios no tiene voz ni nombre
y tú los tienes los dos.
Los tienes porque eres hombre
que es voz y nombre de Dios.

### 297

Todo lo que estoy diciendo
y me queda por decir
ni a mí me importa decirlo
ni nadie lo quiere oír.

298

La irrealidad de la vida
es realidad de la muerte.
Nadie cambiará su suerte
al final de la partida.


299

En tu mirada la luz
se junta con las tinieblas.
Y es clara como tu sueño.
Oscura como tu pena.

Y tan cruel que semeja
la del sol que al mismo tiempo
nos ilumina y nos quema.


300

El manantial piensa. El arroyo discurre.

J. B.: *Caballito del Diablo*


Al seguir su curso el río
sigue un discurrir sonoro
que es un discurso vacío.


301

"Quiéreme porque te quiero"
no es lo que dice el querer
cuando es querer verdadero.

Las palabras verdaderas
del querer son las que dicen
"te quiero aunque no me quieras".

302

El corazón siente pena
y el alma siente alegría
al sentir cómo la muerte
se acerca más cada día.

303

Dices que no tienes ganas
de morirte. Yo tampoco.
Le diremos a la muerte
los dos que se espere un poco.

304

Verde de olivo y de uva,
verde de verde limón,
tienes los ojos tan verdes
que engañan el corazón.

305

La tua parola cangia di colore
come fece l'ulivo sotto il vento.

G. D'Annunzio[10]

Como cambian de color
los olivos con el viento

304  Los ojos de la amada. El amor es fundamental en la poesía de Bergamín, sentido con delicadeza extrema. También en el siguiente número 305.

[10] Corrijo errata de dos zetas en el apellido.

y se mudan las palabras
al aire del pensamiento,

en tus ojos estoy viendo
cómo les cambia el color
la luz cuando miran lejos.


## 306

¡Qué mentirosa es la verdad!
¡Qué verdadera la mentira!
¡Qué engañosa la realidad
aparente de nuestra vida!


## 307

El neo-nacionalismo
es onanismo estatal:
totalitario espejismo
de un narcisismo mortal
idólatra de sí mismo.


## 308

—¿Poeta yo? ¿Quién lo diría?
—Pues hay tontos que lo dicen.
—Dicen una tontería.

307 Ironía con el neonacionalismo. Es muy raro el ejemplo de
sátira en su poesía, que se preocupa más bien de cuestiones esenciales a la vida del hombre.
308 No se considera poeta. Quizás porque lo que se entiende
habitualmente por poesía es algo artificial y decorativo,
lejano de su ser-verdad en la escritura.

309

Conforme vas entendiendo
la verdad de tu locura
tu razón se va volviendo
una cosa más oscura.


310

Para ganar la verdad
hay que perder la razón.
Todo lo que es más verdadero
es una enajenación.


311

Tú no sabes lo que esperas
pero lo estás esperando
igual que si lo supieras.


312

Se me hiela el corazón,
se me quema el pensamiento.
Y el alma se me está helando
y quemando al mismo tiempo.


313

Lo que dijo Campoamor,
"nada es verdad ni mentira:
todo es según el color

313 Relativismo, de otra manera. También en núm. 319. Y en
núm. 326 etc., etcétera.

del cristal con que se mira",
al revés está mejor:
todo es verdad y es mentira
nada es según el color
del cristal con que se mira.


### 314

Por como me estás mirando
comprendo que no me engañas
aunque me estés engañando.


### 315

No te debes de casar
si no sabes que casarte
es tener casa, y quemarte
en la lumbre de tu hogar.


### 316

Yo sueño lo que tú sueñas.
Pero yo sueño dormido
lo que tú sueñas despierta.


### 317

¿Quién sabe si el tiempo pasa
o se queda, por el hilo
del alma desmadejado
y ovillándose en olvido?

¿Quién sabe si no pasó
lo pasado y sigue vivo
hasta despertar del sueño
del alma en que se ha dormido?

### 318

Yo le pregunté a la muerte,
para que me respondiera,
el porqué de su silencio.
No me respondió siquiera.

Le pregunté por su nombre,
para que me lo dijera.
Mi nombre —me respondió—
no se lo digo a cualquiera.

### 319

Si no hay verdad en la vida
tampoco la habrá en la muerte.
Y todo será mentira.

### 320

El rostro no espeja el alma:
la espejan la voz, las manos,
y la luz de la mirada.

### 321

Como un pájaro perdido
el viento viene y se va
sin encontrar su camino.

### 322

Hay en el cielo
una luz encendida
que yo no veo.

Que yo no veo
porque a mí me la apagan
dos ojos negros.

### 323

Y si Dios está en el cielo,
¿por qué los astros se apagan
y se quedan como muertos?

### 324

Yo no sé lo que quiero,
ni tú tampoco:
pero los dos queremos
con amor loco.

Con amor loco,
que unas veces es mucho
y otras es poco.

### 325

Mira qué solo está el mar!
¡Qué solas están las olas
queriéndole acompañar!

### 326

Lo más absurdo de todo
lo que te pasa en la vida
es que encuentras la verdad
y te parece mentira.

326  La única verdad se encuentra en la poesía.

Y te parece mentira
porque la verdad la encuentras
solamente en la poesía.


### 327

La vida es sueño y no es sueño.
El sueño es vida y no es vida.
La realidad de verdad
no es ni verdad ni mentira.

No es ni verdad ni mentira
porque es una realidad
que el pensamiento idealiza.


### 328

Siento que la esperanza
engaña al corazón
y desengaña al alma.


### 329

Mi camino no es camino
para caminar yo solo
sino para andar contigo.


### 330

Ateo, gracias a Dios,
quiere decir que tú quieres
ser uno solo y no dos.


330  Contra el ateísmo de nuevo.

Tan claro está tu ateísmo
que cuando niegas a Dios
te afirmas Dios a ti mismo.

Mira, ese infernal abismo
que se abre dentro de ti
no es más que un puro espejismo.

### 331

¿Por qué el *ser* no es un *yo soy*
ni un *yo estoy* es el *estar*,
ni *ayer* ni *mañana* es *hoy*,
ni es un *yo pienso* el *pensar?*

### 332

Si yo soy yo no soy nada,
porque el yo cuando es el yo
es el hueco de una máscara.

Es el hueco de una máscara
porque una máscara es
lo que es la persona humana.

### 333

Hay una luz en la noche
escondida en la distancia

332 Bergamín afirma una y otra vez la inconsistencia del *yo*
humano. La vida es por eso un sueño de ese *yo*, a la vez
mentira y verdad. La única verdad, como dice en núm.
326, es la poesía, y tal vez el amor que resulta de compar-
tir un mismo sueño.

que cuando vas en su busca
cada vez es más lejana.

Perdido en el bosque oscuro
de la noche de tu alma
esa lucecita lejos
es la que siempre te engaña.

Es la que siempre te engaña,
porque de lejos se enciende
y si te acercas se apaga.

334

¡Con qué amoroso desvío
se aparta del mar el viento
y de la montaña el río!

335

El cariño que te tengo
no es como el que te tenía:
aquél era una locura;
éste es una tontería.

336

El *ahora* de tu vida
no es hora en ningún reloj,
es el *ahora* de un tiempo
que mide tu corazón.

Tu corazón dice *ahora*,
como lo dice la estrella,
como lo dice la rosa.

337

... che mai da me no sia diviso.

DANTE (*Inf.* V)

Tú estás enamorada de una sombra.
Yo estoy enamorado de un fantasma.
La luz que a ti me lleva es tenebrosa.
La oscuridad que a mí te trae es clara.

Ninguno de los dos pereceremos
de este fuego de amor que nos abrasa
si juntamos en él nuestras dos vidas
como una sola llama.

338

Tú eres lo mismo que el aire:
que está en todo y que no está
del todo en ninguna parte.

339

A mí no quieras buscarme,
que yo me encuentro perdido
por no querer encontrarte.

340

La muerte que yo más temo
no es la que viene por fuera
sino la que llevo dentro.

341

Al mirar de tus ojos
se nubla el cielo,
que hasta el sol y los astros
tiemblan al verlos.

Tiemblan al verlos,
porque su luz tan viva
los deja ciegos.

342

El tiempo es corto o es largo
y va despacio o deprisa
según lo que esté pasando.

343

Todo se empieza y se acaba.
De nada queda más huella
que la del tiempo que pasa.

344

En su vuelo y a su aire
va el pájaro por el cielo
sin pedir permiso a nadie.

345

El aire es el aire;
la luz es la luz;

342  Idea de Bergson, la *durée* temporal. Pudo llegarle a Bergamín a través de los escritos filosóficos de Machado,
quien siguió cursos con el filósofo francés.

la sombra es la sombra:
los tres juntos, tú.

## 346

¡Qué poco me va quedando
de lo poco que tenía!
Todo se me va acabando
menos la melancolía.

## 347

Yo de mi mal no me espanto.
Me espanto del hondo abismo
de dolor que hay en mi canto.

## 348

Todos morimos de amor,
queriéndolo o sin quererlo.
Morir no es perder la vida:
morir es perder el tiempo.

## 349

Cuento de nunca acabar,
mi vida se está acabando
sin acabar de contar.

## 350

Si el querer se quiere o no
no lo sabe el pensamiento.
¡Ay!, yo no quisiera quererte querer,
y te estoy queriendo.

(La hoja no sabe si quiere o no quiere
que la lleve el viento.)


### 351

¿Quién sabe lo que es el aire?
¿Quién sabe lo que es el fuego?
¿Quién sabe lo que es el alma?
¿Quién sabe lo que es el tiempo?

¿Quién sabe lo que es la vida
y lo que es el pensamiento?
¿Quién sabe lo que es la muerte?
¿Quién sabe lo que es el sueño?


### 352

Digas lo que digas,
hagas lo que hagas,
todo pasará
lo mismo que pasa.

Cuando en la ceniza
se duerme la llama,
se duerme soñando
que nunca se apaga.


### 353

Por su cauce corre el río
como tú y yo por un sueño
que no es ni el tuyo ni el mío.

---

351 La *interrogación* bergaminiana. No sabemos nada de la
realidad poética que nos rodea.

## 354

Quererte como te quiero
es un querer que es tan fuerte
como la muerte y el tiempo.

Un querer como el del fuego
que quiere subir tan alto
que se hunde en los infiernos.

## 355

Tanta luz y tanto fuego,
tanta llama de amor viva
no le deja al corazón
más que un montón de cenizas.

## 356

A orilla del olivar
se curva el correr del río
verdeando al platear
como el olivo sombrío.

Y allí se van a encontrar
tu corazón con el mío
para volverse a soñar.

## 357

¡Tristeza de Andalucía!
Te estoy sintiendo en mi alma
y en mis huesos todavía.

Y no te siento en mi sangre
porque mi sangre es un fuego
que no se apaga ni arde.

358

Lo que espantaba a Pascal
de la noche que nos ciega
es el ensordecedor
silencio de las estrellas.


359

Si te miro te vuelves sombra.
Si te escucho te vuelves eco.
Si te toco te vuelves aire.
Humo y ceniza si te sueño.


360

No sé por qué tengo miedo
de quererte y de sentir
y de pensar que te quiero.


361

Mentira es el cielo azul.
Mentira es el agua clara.
Mentira lo que tú dices.
Mentira lo que te callas.

Mentira es que haya otro mundo.
Mentira es que éste se acaba.
Mentira que tú lo creas.
Mentira que tengas alma.

Mentira de mil mentiras
la dulzura de tus lágrimas,
la cadencia de tu voz,
la risa de tu mirada.

### 362

No sabes lo que es tu vida
ni lo que será tu muerte
porque estás entre las dos
sin saber a qué atenerte.

### 363

Yo he visto tu sombra huir
por los caminos del aire.
Pero no temas que yo
vaya a decírselo a nadie.

### 364

Yo sentí venir la muerte
cantando por el camino,
y sentía al escucharla
que su canto no era el mío;

que era un melodioso canto
sin palabras ni sentido
como el que callan los astros
en el espacio infinito.

### 365

La vida es un sueño
cuando estás dormido,
cuando te despiertas
el sueño se ha ido.

La muerte está viva
cuando tú estás vivo;
cuando tú te mueres
se muere contigo.

366

Por los caminos del tiempo
nos separamos los dos
y no volvimos a vernos.

Y no volvimos a vernos,
queriéndolo o sin querer,
para seguirnos queriendo.

367

Todo se esconde de mí,
y yo me voy escondiendo
de todo, como si todo
y yo tuviésemos miedo.

Se esconde el fuego en la luz
y en el alma el pensamiento.
Y mi corazón se esconde
en el corazón del tiempo.

368

Del tiempo que va pasando
se entera el alma dormida
cuando se va despertando.

De lo que se lleva el viento
no se entera el corazón
si no sueña el pensamiento.

368 Profunda paradoja y proximidad al aforismo. Defiende la
necesidad de soñar, aunque al dejar de soñar y caer en
otro sueño —lo dice en numerosos poemas— es cuando
alcanzamos la verdadera realidad trascendente.

369

De tanto vivir un sueño
del que nunca se despierta,
tú te morirás de amor,
yo me moriré de pena.

370

Eco y sombra fue mi vida:
eco de una viva voz,
sombra de una llama viva.

Sueño del alma dormida
que yace en el corazón
como el fuego en la ceniza.

371

Si el amor fuera más fuerte
que la muerte y que el dolor,
el infierno del amor
no sería el de la muerte:
sería tal vez peor.

372

Mi cuerpo es un esqueleto
y mi alma es un fantasma.
El olvido de tu amor
me quitó el cuerpo y el alma.

372  Esqueleto y fantasma, así se siente el poeta Bergamín.

373

A mí me sigue una sombra.
A ti el eco de una voz.
En mi sombra está tu sombra.
En tu eco está mi voz.


374

Si te digo "no seas niña"
tú no me hagas caso a mí:
sé niña toda tu vida.


375

Cuando miro las estrellas
y pienso en ti tengo miedo
de que te vayas con ellas.


376

Decir que es sueño la vida
no es creer que estemos muertos
sino que estamos soñando
creyendo que somos sueño.

Sueño de sombra, sin sombra.
Sueño de fuego, sin fuego.
Sueño del alma dormida
en el regazo del tiempo.


373  Bellísmo poema amoroso con juego de conceptos en copla
     popular. Bergamín dota a la canción y copla popular de
     una dimensión de profundidad desconocida hasta ahora, a
     través de un pensamiento poético expresado por medio de
     paradojas y aforismos en verso.

Adolfo Marsillach, María Cuadra, José María Caballero Bonald y
Fernando Savater, en el homenaje que la Universidad Complutense
madrileña tributó a José Bergamín el 21 de mayo de 1982.

Agencia Efe.

Entierro de José Bergamín.
Fuenterrabía, 29 de agosto de 1983.

Agencia Efe.

377

Vi una sombra en la pared
y otra sombra en la ventana.
Y sabía que en la puerta
otra sombra me esperaba.

378

Soñé que estaba llorando
y comprendí, al despertar,
que ya no puedo llorar,
¡ay de mí!, más que soñando.

379

Soñaba pensando en ti
¡qué gran desdicha soñaba!
Soñaba que te perdí.
Soñaba que te encontraba.

380

No sabes lo que es el tiempo
hasta que no te das cuenta
de cómo lo estás perdiendo.

381

Quiero mirarme en tus ojos
sin dejarlos de mirar

378 Una y otra vez, como la mariposa alrededor de la luz, el
poeta gira en torno a los mismos temas, pero siempre con
una aportación distinta.

hasta que ciegue los míos
la luz de su claridad:

la luz de una claridad
que les hiere y que los quema
porque no pueden llorar.


### 382

A esa lucecita sola
que está temblando en tu alma
tú dile que no se apague
que yo voy a acompañarla.


### 383

Estabas cerca de mí,
con tanta noche en tu alma
que ni siquiera te vi.


### 384

Mis palabras son del aire.
Tal vez por eso no llegan
a los oídos de nadie.


382 El amor nos salva de la soledad y del vacío.
384 Soledad del poeta.

# HORA ÚLTIMA

Es hora ya (si ésta que digo es hora)
de prescindir del tránsito del tiempo:
de separar la hora de la hora;
del momento, el momento.

Y traspasar, sin despertar siquiera
de su soñar, el límite postrero
de un pensamiento que me está pensando,
y no es mi pensamiento.

386

Tupidas sombras sin tiempo.

CALDERÓN

Esta larga noche
que nunca se acaba,
es noche, de noche
desenmascarada:

385  Desde el número 385 al 420, se contienen poemas de *Hora
    última*, volumen VII y último de la edición de Turner,
    escritos después del grave accidente que sufriera en el
    otoño de 1981. Por voluntad del autor se incluyeron allí
    también una colección de coplas compuestas muy poco
    antes de morir.
386  Nuevamente la desesperanza.

JOSÉ BERGAMÍN

de *tupidas sombras*
*sin tiempo,* sin alma:
de espacioso espanto;
de espantosa nada.

Y tan triste noche,
pesarosa y larga,
ni siquiera espera
la espera del alba.

387

Montañas de pura sombra
Sierra de Ronda.
Y de luminosa aurora.
Sierra de Ronda.
De luz sola tenebrosa.
Sierra de Ronda.
¡Luz, más luz! Melancolía.
Belleza de Andalucía.

388

En las sombras de la noche,
como un tropel de fantasmas,
ideas y pensamientos
son duendes y musarañas.

Son melusinas del aire,
ecos de voz sin palabras.
Son pajarracos nocturnos
que huyen a la madrugada.

387 Andalucía aparece como motivo en algunos poemas de
nuestro autor.

### 389

Fui peregrino en mi patria
desde que nací:
y lo fui en todos los tiempos
que en ella viví.

Lo sigo siendo al estarme,
ahora y aquí,
peregrino de una España
que ya no está en mí.

Y no quisiera morirme,
aquí y ahora,
para no darle a mis huesos
tierra española.


### 390

A mis soledades voy
De mis soledades vengo.

LOPE


Con la tristeza en el alma
y el dolor ¡ay! en el cuerpo,
sigo andando mi camino
sin saber si voy o vengo.

Tantas soledades tristes
me vinieron persiguiendo,
que mi corazón cansado
no sabe si voy o vengo.


389  El peregrino en su patria a que aludimos en nota a núm.
      103. Parece negarse a morir en tierra española.

## 391

> Yo soy el que por negarlo todo,
> todo lo afirmo.
>
> GOETHE: *Fausto.* —Mefistófeles—

Creo que cuando estoy vivo
lo estoy porque no estoy muerto.
Todo lo que es positivo
es negativo primero.

Tengo que negarme a mí
para afirmar que soy yo.
Para que sea que sí
tengo que decir que no.

La luz nace de la sombra
y por la sombra se muere.
Nadie se encuentra a sí mismo
si primero no se pierde.

## 392

La soledad que ahora tengo
penetra en mi corazón
como una hoja de acero.

Y me parece que siento
que su angustia y ansiedad
me han hecho su prisionero.

---

391  La idea en toda la ascética áurea y en el Evangelio.

393

Todo es disfraz de silencio.

UNAMUNO

Todo lo que tú me dices,
todo lo que tú me callas,
lo dice el rumor del viento,
y el correr del agua clara.

En la noche silenciosa
de la alcoba en que descansas,
lo dice en la chimenea
el crepitar de las llamas.

Y apenas si en los silencios
oscuros que la disfrazan,
lo dice una campanita
perdida en la madrugada.

394

A CRISTO CRUCIFICADO ANTE EL MAR
(1937-1983)

*A Manolo Mallofret*

Il n'y eut plus rien que la mer.

VÍCTOR HUGO

He vuelto a ti otra vez, mar poderoso,
mar sin Dios y sin dioses, mar sin tiempo:

394  Al final de sus días, Bergamín vuelve sobre un asunto que
trató en sus primeros poemas, Cristo crucificado ante el
mar.

profundo mar, vacío de ti mismo,
solitario guardián de tu secreto.

Vuelvo a mirarme en ti ¡mar infinito!
como en un vivo espejo:
a escucharme en tu voz tempestuosa
como un lejano eco.

Vuelvo otra vez y vuelvo a preguntarte
¡oh prodigioso mar, mar agorero!
¿quién mató`a Dios, qué mano tenebrosa
lo sepultó en su sueño?

¿Quién a su luz, nacida del abismo,
despojó de su reino
y a su voz y palabra creadora
dio su silencio eterno?

¿Por qué tú, mar sonoro, con tu canto
juntaste en ti la tierra con el cielo?
¿Qué soledad de soledades sola
vuelve a tu nada nuestro pensamiento?

¿Qué agónico morir, qué dolorido,
pesaroso desvelo,
apaga en ti la luz agonizante
de un corazón ardiendo?

Agonía de Dios fue la de Cristo
en la noche del huerto.
Ante ti ¡mar! Cristo crucificado
no está vivo, está muerto.


395

Si le temes a la muerte
no es porque temes a Dios
ni al Diablo: lo que temes
es muchísimo peor;

temes no encontrar en ella
a ninguno de los dos.

### 396

¡Cuántas veces toqué el cielo
con mis manos ¡ay! sintiendo
que ardía mi corazón
en las llamas del infierno!

### 397

Yo estoy diciendo palabras,
palabras sin voz ni eco,
palabras que yo no sé
por qué las estoy diciendo.

Son palabras sin sonido,
palabras sin pensamiento,
que vosotros no entendéis
y que yo tampoco entiendo.

Palabras mudas que son
mensajeras del silencio:
palabras que oyen tan sólo
los que escuchan a los muertos.

### 398

¿Quién oyó las pisadas de los días?

QUEVEDO

El tiempo lo hace todo
y todo lo deshace.

---

396 Como vimos en la introducción, el *infierno* interesa gran-
demente al pensamiento poético bergaminiano.

Porque el tiempo no deja
de andar un solo instante.

El tiempo todo es alma.
El alma toda es aire.
Y los pasos del tiempo
no los escucha nadie.

#### 399

No tengo vida ni sueño.
El alma se me perdió
hace muchísimo tiempo.

#### 400

En la noche de tu alma
ayer es hoy todavía.
Y hasta que no salga el sol
"mañana será otro día".

#### 401

Torero muerto de miedo
es el que mejor torea:
porque ha matado a su sombra
y sólo su luz le queda.

---

399 Bergamín vuelve, al final de sus días, a cultivar la copla
popular con la peculiar hondura y profundidad que él le
confiere, aunando un pensamiento culto con una forma
popular.
400 Cfr. nota a núm. 221, sobre la canción de Machado en que
parece inspirarse.
401 El *torero* es el símbolo que debe imitar el hombre ante la
vida, para Bergamín. La vida hay que torearla.

### 402

Gracias a Dios y al Diablo
podemos estar seguros
de una vida que soñamos.

### 403

Si no hay Diablo no hay Dios.
Y si no hay Dios no hay Diablo.
Sólo gracias a los dos
podemos vivir soñando.

### 404

La fe de que nació tanta esperanza.

LOPE

No se cree porque se espera,
se espera porque se cree:
y se cree si no se ve
lo mismo que si se viera;
pues nace de tal manera
la esperanza de la fe
que no se sabe por qué
se vuelve generadora
de su propia engendradora
que duda de que lo fue.

### 405

Cuando aquí se duerme el alma,
de noche como de día,
viene el mar a despertarla.

403 La fe y la esperanza desde la perspectiva religiosa y
humana de Bergamín.

406

En las mareas del mar
se siente el latir oscuro
de un corazón estelar.


407

La muerte se está muriendo
en tu corazón cansado
que la mata sin saberlo.


408

Hay un lorismo lírico
y otro lirismo lórico:
los dos dicen lo mismo,
pero dicen muy poco.

Y lo repiten tanto
—el uno como el otro—
Porque todo lo dicen
para callarlo todo.


409

Lirismo lórico: Espronceda.
Lorismo lírico: Zorrilla.

---

408 Este poema y el siguiente son injustos, pero tienen gracia.
Posiblemente lo que distancia a nuestro autor de estos
poetas es su retórica y rima consonántica, aunque debió
apreciar sus valores de sugerencia lírica.

### 410

Yo ¡gran Dios! no creo en ti:
porque si yo en ti creyera,
no sería mi vida entera
*"memoria amarga de mí"*.

### 411

En cuerpo y alma
te aprisiona la música
de las palabras.

### 412

En el paisaje manchego,
el cielo quiere ser tierra,
la tierra quiere ser cielo.

En el paisaje andaluz,
el aire quiere ser alma,
el alma en el aire luz.

### 413

Las horas huyen del tiempo
como de tu corazón
vacío, los pensamientos.

410 Bergamín es consciente de la contradicción entre su pensamiento y su actitud vital reflejada en su poesía, lo que le
confiere un aspecto más entrañablemente humano, frente
a la ortodoxia cristiana.
412 Bella definición del paisaje manchego y del andaluz.

414

Como el *sentir dolorido*
que no te pueden quitar
es el profundo cantar
de la noche del sentido.

Es canto de ruiseñor
y silbo de mirlo oscuro:
llanto y suspiro de amor.

415

Los árboles son tan altos
y tan largos los caminos
que el paisaje se convierte
en fantasma de sí mismo.

Y no se sabe, al mirarlo
de sí mismo desvivido,
si es desensueño del alma
o ilusión de los sentidos.

416

Lo que tú sabes, lo sabes
porque cuando calla el viento
a ti te lo dice el aire.

Y a ti te lo dice el aire
murmurando entre las hojas
temblorosas de los árboles.

417

El mal que dicen de ti
se lo dijo el aire al viento;

y el viento, con su lamento,
vino a decírmelo a mí.

¡Ay! Tú no tienes la culpa,
ni yo tampoco la tengo,
de que seamos los dos
fantasmas de un mismo sueño.

## 418

El día que yo nací
nació conmigo una sombra
que no se aparta de mí.

Una sombra que por sí
y de sí misma se asombra
y me separa de ti.

## 419

Es una música triste
la que me dice al oído
que soy yo quien sin saberlo
me estoy llorando a mí mismo.

## 420

La copla clara y sencilla
es la que vale la pena
de escucharla y repetirla.

Porque es la sola poesía
que le dice al corazón
lo que es verdad o es mentira.

420 Definición de la poesía que a él le interesa, y de la copla.

# LOS FILÓLOGOS [1]

## COMEDIA

[1] *Los filólogos. Comedia*, se editó en Madrid, Turner, 1978, aunque fue escrita en la primera etapa de Bergamín, en 1925. Fue perdida durante el saqueo de su casa de Madrid en la guerra civil, y la encontró Dennis en 1977 en el archivo de Rodríguez Moñino, con la ayuda de María Brey.

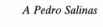

*A Pedro Salinas*

## PERSONAJES[2]

LOS FILÓLOGOS:
  EL MAESTRO INEFABLE DON RAMÓN MENÉNDEZ
  EL DOCTOR AMÉRICUS
  EL PROFESOR TOMÁS DOBLE
  EL NEÓFITO
  EL GRAMÓFONO
UN JOVEN DESCONOCIDO
EL GRILLO
EL ESPÍRITU DE VALLE-INCLÁN
DON MIGUEL DE UNAMUNO
EL EXCÉNTRICO DÍEZ, PESCADOR DE CAÑA
  Y COLECCIONISTA DE MARIPOSAS
LA CACATÚA
EL INSIGNE ORTEGA, CAZADOR FURTIVO, Y GARCÍA,
  SU CRIADO
LA BARRACA AMBULANTE:
  BAROJA
  AZORÍN
  A. MACHADO Y EL PERRO
  EUGENIO D'ORS
EL SANTO CIVILISTA DON FELIPE URRUTIA DE DIEGO,
  CON EL BURRO Y EL CAMALEÓN
LA LECHUZA

[2] Turner ha editado también un volumen en pequeño tamaño, como el de *Los filólogos*, conteniendo en facsímil de México, Manuel Altolaguirre Editor, 1945, *La Hija de Dios* y *La niña guerrillera*, igualmente en 1978; son obras de intención política, en el ámbito de la literatura de la guerra civil.

EL RUISEÑOR
EL MIRLO

EL CORO:
   CORO DE PÁJAROS
   CORO DE MONOS
   CORO DE SÁTIROS
   CORO DE FICHAS[3]

[3] Dennis en "J. B. dramaturgo...", establece que lógica-
mente el Doctor Americus era Américo Castro; el Profesor
Tomás Doble, Tomás Navarro Tomás; el Excéntrico Díez
sería Enrique Díez Canedo; el Insigne Ortega, Cazador Furtivo, sería Ortega y Gasset; el Maestro Inefable, Don Ramón
Menéndez, que aparece momificado, sería Menéndez Pidal.
Son todos los mandarines del Centro de Estudios Históricos.
La Lechuza sería Unamuno, que hace una definición poco
lisonjera del filólogo. El Ruiseñor sería Juan Ramón. La
Cacatúa muere a manos de otros pájaros que son fieles a su
naturaleza por el contrario. El Mirlo sería un álter ego del
autor. Los filólogos serían simples Monos —Dennis, *J. B. A
Critical...*, p. 134— sin creatividad alguna.

# PRÓLOGO[4]

*(Entra* EL MIRLO.*)*[5]

EL MIRLO.   Soy todo negro y tengo el pico color de
naranja tostado, como dice de mí la canción.

Aquí estoy, y aquí no toco ningún pito; en cambio, sé
silbar. Por eso he salido al comienzo.

El que esto escribió me quiere mucho, porque cuando
era niño, en los parques, yo fui su mejor amigo, y hasta
un poco su negro preceptorcillo juguetón. Me preguntaba muchas cosas. Un día me preguntó: ¿qué es un filólogo? Y como yo no quise entristecer la pura alegría
infantil de su inocencia, le contesté, burlándome: ¿un

[4] *Los filólogos* es una ingenua y deliciosa comedia lírico-satí-
rica contra el cientificismo racionalista de los filólogos, y a favor
de la libertad creadora. Los nombres de los personajes aluden
a intelectuales de la época en clave explícita. El ruiseñor de esta
obra —Juan Ramón, del que todavía Bergamín era devoto—,
con toques surrealistas y simbólicos, encarna la palabra del
poeta, y exclama: "Un filólogo es la cosa más estúpida de todo
el universo" (...) "no habla el lenguaje humano sino el filológico"; y los monos afirman: "El hombre ha muerto del todo en
él, para que el filólogo viva". Opone por tanto lo humano a lo
filológico y llama a esta obra "farsa aristofanesca".

[5] Frente a los filólogos, la Lechuza (Unamuno), el Espíritu de Valle-Inclán, y el Ruiseñor (Juan Ramón), con los
que Bergamín se alía, en crítica antiacadémica, según Dennis —*J. B. A Critical...* pp. 131-35.

filólogo? ¿Quién te ha enseñado esa palabra? No me respondió.

Hoy me ha buscado para su comedia, y yo salgo de prólogo para daros este consejo: desconfiad de cualquier pájaro de mi especie que no sea negro como yo.

# ACTO I[6]

APARECE *la escena partida. Con su mitad mayor, el interior de una lujosa biblioteca. Las estanterías cargadas de libros y ficheros grandísimos ocupan todas las paredes, menos una, que abre al campo un gran ventanal y una puerta muy pequeñita. También entre los estantes repletos una gran puerta de dos hojas que abre a un aparato montacargas de proporciones extraordinarias. Todos los objetos son de tamaño sobrenatural: hay dos inmensos pupitres con altísimos pies o trípodes; un gramófono enorme; una jaula con un grillo grandísimo; butacones, mesas, etc. Hay en el salón un radiador de calefacción y una gran chimenea de leña encendida.*

*Es de noche; en la parte menor de la escena, que figura un paisaje, a cuyo fondo hay una sombría selva, está descargando una violenta tempestad.*

---

[6] En una entrevista que le hizo a Bergamín Carlos Gurméndez, "Homenaje a J. B. y representación de su obra *Medea, la encantadora*", en *El País*, 22 junio 1980, p. 31, nuestro autor contesta lo siguiente, respecto a la hipótesis interpretativa de Dennis que recoge Gurméndez en su pregunta: "No me ensaño con Menéndez Pidal ni salvo a Unamuno. Menéndez Pidal era un erudito, un sabio erudito, un académico respetable, pero que no tenía nada de poeta. El objetivo de mi farsa aristofanesca era exaltar la poesía representada por Unamuno y el analfabetismo espiritual y poético, al cual sigo fiel".

*Al empezar, el* DOCTOR AMÉRICUS *y el* PROFESOR
TOMÁS DOBLE, *ridículamente encaramados en sus trípodes, y ocultas las cabezas entre libros y papeles, trabajan;
el* NEÓFITO, *subido en una escalera de bomberos, busca
libros en los estantes; cualquiera que coja será muchísimo mayor que él.*

*Entra por el campo un* JOVEN DESCONOCIDO. *Viene
vapuleado por el temporal y se acerca a la puertecita de
la casa para pedir asilo.*

DESCONOCIDO.   (*Llama a la puertecita tímidamente.
Nadie le hace caso*).

EL GRAMÓFONO.   A, B, C, D, E, F, G, H, I, J, K, etc.
(*Todo el abecedario.*)

DESCONOCIDO.   (*Vuelve a llamar un poco más fuerte,
sin resultado*).

GRAMÓFONO.   A, B, C, D, etcétera.

DESCONOCIDO.   (*Llamando.*) ¡Abrir!, ¡abrir, por
favor!

GRAMÓFONO.   a, e, i, o, u; a, e, i, o, u...

DESCONOCIDO.   (*Cada vez más fuerte.*) ¡Abrir!,
¡abrir!

GRAMÓFONO.   B, A: B-A; B, I: B-I; B, O: B-O, B-O.

DESCONOCIDO.   (*Desesperadamente.*) ¡Por favor!

GRAMÓFONO.   B-O, B-O; B, U: B-U, BUUUU-
UUUU... (*Acabándosele la cuerda.*) BUUUUU-
UUUU...

(*El* DOCTOR AMÉRICUS *y el* PROFESOR TOMÁS DOBLE
*sacan las cabezas de su naufragio y miran asombrados al
gramófono y luego al* NEÓFITO, *que baja de la escalera
precipitadamente y para el gramófono sin que termine.*)

DESCONOCIDO.   (*Dando golpes furiosos en la
puerta.*) ¡Abrir!, ¡abrir!, ¡abrir!...

EL NEÓFITO.   (*Se dirige a la puertecita, la abre, y dice
al desconocido con amabilidad.*) Abrir, no; abrid, con d,
en imperativo. (*Sonriendo.*) ¿Cómo íbamos a entender
si no que lo que quería era que le abriéramos? ¿Qué
desea?

DESCONOCIDO. (*Habla cansado y respirando torpe-mente.*) Yo... querría... refugiarme aquí y descansar un poco. También... algo caliente...; estoy desfallecido.

EL PROFESOR TOMÁS DOBLE. (*Levantando la cabeza y mirando al* JOVEN DESCONOCIDO.) ¡Qué horror!

DESCONOCIDO. ¿Me compadece?

PROF. TOMÁS DOBLE. No, señor; me indigno.

DESCONOCIDO. ¿Por qué?

PROF. DOBLE. Por su detestable sintaxis y su caren-cia absoluta de fonética.

DESCONOCIDO. (*Haciendo un esfuerzo.*) Si apenas puedo hablar...

DOCTOR AMÉRICUS. (*Que levanta la cabeza y le mira.*) ¿Cómo va usted a poder hablar si no sabe? Y no sabe porque no le han enseñado. (*Al* PROFESOR DOBLE.) ¿Qué gramática habrá aprendido este infeliz? ¡Oh, esa enseñanza! ¡Qué Estado! ¡Qué Estado!

DESCONOCIDO. (*Disculpándose.*) ¿Pero en qué estado voy a llegar, con la lluvia que me ha caído encima?

(*Una bocanada de viento empuja la puerta, que había quedado entreabierta, y levanta del suelo una espesa nube de fichas blancas de que éste se hallaba alfombrado. El* NEÓFITO *cierra la puertecita rápidamente y, sin hacer caso al* JOVEN DESCONOCIDO, *vuelve al centro de la habi-tación y se arrodilla. El* DOCTOR AMÉRICUS *y el* PROFE-SOR DOBLE *descienden aparatosamente de sus trípodes y también se arrodillan. El* JOVEN DESCONOCIDO *se queda estupefacto. Y mientras el* GRAMÓFONO *comienza mansí-simamente a tocar la "Marcha de los caballeros", de "Parsifal", de entre la blanca nube de las papeletas intac-tas surgen las figuras de las Diosas, visibles para los ini-ciados, invisibles al* DESCONOCIDO.)

EL CORO DE FICHAS. (*Entre la música.*) Nosotras somos blancas y castas diosas protectoras. Somos el principio y el fin de la sabiduría. El que nos ama, ama la Palabra. En el principio éramos nosotras, las diosas inmaculadas, y la Palabra fue después. La Palabra se concibió en nuestra pureza, y de nuestra virginidad, desnuda, nació la Poesía. Antes de nosotras nada ha existido. Ni existirá después. En la blanca estepa de nuestra nada algunos hombres privilegiados trazan sus huellas jeroglíficas; porque saben que es de nuestra nada de la que se hizo la creación.

EL DR. AMÉRICUS, EL PROFESOR DOBLE, EL NEÓFITO. (*Golpeándose el pecho devotamente.*) Filologus sunt. Filologus sunt. Filologus sunt.

LA PRIMERA MITAD DEL CORO.    Si queréis salvaros, ya lo sabéis: una sola cosa importa.

LA SEGUNDA MITAD DEL CORO.    El amor a nosotras sólo. Bien lo decís: una sola cosa importa.

EL DR. AMÉRICUS, EL PROFESOR DOBLE, EL NEÓFITO. La filología, la filología, la filología.

(*El grillo canta nueve veces seguidas.*)

EL CORO DE FICHAS.    Nosotras somos blancas y castas diosas, etc.

(*El* DR. AMÉRICUS, *el* PROFESOR DOBLE *y el* NEÓFITO *se dirigen, mientras continúa la música y el* CORO, *al montacargas. Abren de par en par las puertas y se ve descender en él un gran cofre egipcio convencional, que lleva escrito en sus costados: FRÁGIL. Entre los tres lo sacan del montacargas y con mucho respeto y ceremonia lo colocan en medio de la habitación. El* GRAMÓFONO *toca "La consagración del Graal" y los filólogos abren el cofre con exquisito cuidado y parsimonia. Sacan primeramente papeles, serrín, paja, algodón, etc., y después un informe envoltorio del tamaño de una persona que colocan verticalmente sobre el suelo. Luego empiezan a desliar cintas y vendajes, con gran minuciosidad rituaria y ejecutando una especie de baile con diversas posturas. Poco a poco empieza a mostrarse en el envoltorio una especie de momia cubierta de riquísimas telas y velos sutilísimos, hasta que al fin, aparece un brazo; luego, otro; después, un pie, una pierna, etcétera, y últimamente se descubre, en la postura habitual de los bailarines en estos casos, la figura del* MAESTRO INEFABLE DON RAMÓN MENÉNDEZ, *que se mueve rítmicamente y*)

*conservando en todo lo posible la línea recta y el perfil.*
*Tiene barba canosa y la lleva cuidadosamente envuelta en*
*un papel de seda, que se quita. También se quita unos*
*grandes tapones de algodón que llevaba en los oídos, y*
*otros que le habían colocado entre los cristales de las gafas*
*y los ojos. Habla con voz queda y gesto sonámbulo.*)

MAESTRO. (*Dirigiéndose al* JOVEN DESCONOCIDO.)
¿Quién eres tú? Y ¿a qué has venido?

(*El* JOVEN DESCONOCIDO, *que apenas si ya podía sos-*
*tenerse, cree que le habla un resucitado, y, exhausto, se*
*desmaya. Cesa la música, y el* CORO, *a un ademán vago*
*del* MAESTRO, *y a otra rítmica indicación suya, los filólo-*
*gos acuden a reanimar al* DESCONOCIDO.)

DESCONOCIDO. (*Volviendo en sí.*) ¿Qué es esto?
¿Dónde estoy?

EL NEÓFITO. Estás seguro. El Maestro se digna
intervenir por ti. Puedes estar tranquilo.

DESCONOCIDO. Pero, ¿dónde estoy?

PROF. DOBLE. Estás en el Centro.

DESCONOCIDO. ¿En qué centro?

DR. AMÉRICUS. (*Solemnemente.*) En el Centro de
todo.

(*De pronto, en la chimenea se levanta una llamarada y*
*aparece fantásticamente un murciélago negro que tiene*
*las barbas y las gafas de Valle-Inclán.*)

EL FANTASMA. No digáis eso. Miguel me envía para
protestar. No hay más centro que el de uno mismo. Yo
soy un centro... Yo soy un centro... (*Desaparece.*)

(*Los filólogos hacen gestos de conjuro.*)

MAESTRO. Apártate, fantasma, porque está escrito,
y todo lo que está escrito es verdad, adorarás al filólogo
tu Señor, y a él sólo servirás. (*Dirigiéndose al* DESCONO-
CIDO.) Y tú, extranjero, quien quiera que seas, te con-
cedo la gracia de permanecer entre nosotros. Más
adelante, si eres digno, participarás en nuestros miste-
rios de que empezaremos a iniciarte.

DESCONOCIDO. Gracias, muchísimas gracias. Pero...
primero... yo querría...

MAESTRO. ¿Qué?

DESCONOCIDO.    Tomar algo caliente y descansar.

MAESTRO.    (*Sorprendido.*) ¿Por qué?

DESCONOCIDO.    Porque tengo hambre y estoy fatigado.

(*El* MAESTRO *hace un gesto desdeñoso y se aparta.*)

PROF. TOMÁS DOBLE.    A ver, a ver: ¿quiere repetirme esto que dice?

DESCONOCIDO.    (*Alzando la voz.*) Que tengo hambre y estoy rendido.

PROF. DOBLE.    ¿Rendido? Antes dijo fatigado, pero es igual. Fíjese en lo que voy a decirle: es necesario expresarse fonéticamente; la inspiración y la espiración deben ser más llenas y, al mismo tiempo, mesuradas. La lengua debe tocar en los labios o en los dientes. ¿Para qué le serviría la boca, si no? ¿Quiere repetirlo otra vez?

DESCONOCIDO.    (*Desesperado, sin hacerle caso, se deja caer y dice en voz apenas perceptible.*) Me muero de hambre y de fatiga.

PROF. DOBLE.    (*Desilusionado.*) ¡Muy mal! ¡Muy mal! ¡Cada vez peor!... (*Va al* GRAMÓFONO.) Voy a enseñárselo prácticamente. Ponga toda su atención y escuche.

EL GRAMÓFONO.    a, e, i, o, u; a, e, i, o, u.

(*En esto aparece en el fondo del bosque, azotado por la tempestad, iluminado por los rayos, como un Rey Lear,* DON MIGUEL DE UNAMUNO, *que grita, dominando el estruendo de modo que todos le oyen.*)

M. UNAMUNO.    ¡Farsantes! ¡Hipócritas! ¡Fariseos! ¿Qué sabéis vosotros de la palabra? De la palabra viva, sangre y cuerpo de nuestra alma. De la fe, del amor, de la poesía, ¿qué sabéis vosotros? ¡Id a engañar a los tontos con vuestras mercancías, ya que no sabéis descubrir la vida, como los arúspices, en las entrañas palpitantes del idioma! (*Para.*)

NEÓFITO.    ¡Profanación!

PROF. T. DOBLE.    ¡Herejía!

DR. AMÉRICUS.    ¡Escándalo!

(*El* MAESTRO *se queda inmovilizado en una de sus posturas más hieráticas. El* CORO DE FICHAS *huye aterro-*

*rizado y van a caer todas las fichas en el fuego de la chi-
menea, donde desaparecen, formando una hoguera que
se desborda y lo quema todo en un súbito incendio gran-
dioso que ilumina la noche en medio de la tormenta.
Consternación y fuga de los filólogos.)*

FIN DEL ACTO I

## ACTO II

A P A R E C E *un paisaje de campo en una clara mañana
de primavera. Al fondo, un bosque negro. A un lado, una
tienda de campaña pequeña, de turismo. Encinas, robles,
arbustos, etcétera.*

*Aparece dentro de un gran panel de cristal a su tamaño
el Maestro Inefable, leyendo un pequeño librito en la posi-
ción más rectangular posible. Fuera, agachados por el
suelo, buscando, el* DR. AMÉRICUS, *el* PROF. TOMÁS
DOBLE *y el* NEÓFITO. *El* DR. AMÉRICUS *viste un traje de
dril y lleva salacot blanco. En lo alto de una encina corpu-
lenta está el* CAUTELOSO DÍEZ, *metido dentro de un nido a
su tamaño; se halla absorto en la contemplación de un
álbum de mariposas disecadas; ha colocado en un lado del
nido una gran sombrilla que le resguarda del sol, y delante
de él sostiene entre las piernas una larga caña de pescar
cuyo hilo con el anzuelo desciende hasta una gran pecera
colocada debajo expresamente, en el suelo. Cuando por
algún movimiento o causa el anzuelo se sale de la pecera,
cualquiera de los otros personajes que andan por abajo
acude solícito a volverlo a meter dentro. En la pecera se
solazan luminosamente multitud de peces coloreados.*

*Hay un rumoroso despertar de vida en la Naturaleza.
Todo es piar de pájaros, arrullo de tórtolas, sonido de
agua que cae, etcétera.*

(*El* DR. AMÉRICUS, *el* PROFESOR *y* NEÓFITO *buscan grillos a gatas por el suelo.*)

EL PROFESOR.   (*A gatas por el suelo*)*:* ¡Lo encontré! ¡Lo encontré! ¡Magnífico! (*Los otros se acercan a mirar.*)

EL DOCTOR, NEÓFITO.   A ver, a ver.

EL PROFESOR.   Nada, nada; me he equivocado.

NEÓFITO.   ¡Qué desesperación! No volveremos a encontrar ninguno como aquel desdichado que pereció en la infausta noche origen de nuestra miseria.

EL PROFESOR.   Y aunque encontremos otro grillo igual, ¿dónde y cómo podríamos ya criarle como aquél? Le criamos con tanto cuidado y solicitud que no era sólo nuestra enseñanza, sino su vida confortable, la que le pudo dar, en poco tiempo, tanta grandeza.

NEÓFITO.   (*Conmovido.*) Nada más cierto.

EL DOCTOR.   (*Declamando.*) "¡Oh, dichosa edad y siglos dichosos aquellos a que los antiguos pusieron el nombre de dorados y nosotros de filológicos, y no porque en ellos el oro, que en esta nuestra actualidad desdichada tanto estimaríamos, se alcanzase en aquella venturosa sin fatiga alguna, sino porque entonces, cuando en ella vivíamos, ignorábamos estas dos palabras: espíritu y naturaleza!" (*Todos le escuchan. El* CAUTELOSO DÍEZ, *que había sacado un pez caracoleante de la pecera, escuchando extasiado, lo deja de nuevo dentro. Y hasta el* MAESTRO, *levantando los ojos de su lectura, hace un gesto armonioso para que le saquen de dentro del panel. El* DOCTOR, *el* PROFESOR *y* NEÓFITO *acuden a él y levantan el panel cuidadosamente para sacarle.* NEÓFITO, *con un plumero, le sacude respetuosamente la cabeza y el cuerpo.*)

EL MAESTRO.   No vuelvas siempre, amigo Américus, con tristeza hacia nuestro feliz pasado tus ojos; piensa en el misterioso porvenir. Fuera vano el sacrificio, si no, de nuestra felicidad presente. Y si ahora el Estado nos niega la protección que entonces tan generosamente nos otorgaba, día llegará, yo os lo digo, en que veremos nosotros el único Estado perfecto. Bienaventurados los pobres con espíritu.

EL PROFESOR.  ¡Que las blancas diosas sacrificadas, Señor, escuchen desde el cielo! Pero ¿cómo rehacer toda nuestra labor de siglos? ¿Cómo empezar de nuevo nuestra tarea?

EL MAESTRO.  Que el escepticismo no siembre en ti, querido amigo, su unamunesca pasión efervescente...

(*En esto una magnífica cacatúa que viene volando ruidosamente se posa sobre la cabeza de* DON RAMÓN. *Todos quedan sobrecogidos de religioso espanto.*)

LA CACATÚA.  ¡Ca-ca-tú-a! ¡Ca-ca-tú-a!...

NEÓFITO.  ¡Milagro!

DOCTOR.  ¡Prodigio!

PROFESOR.  ¡Maravilla!

(DON RAMÓN *se quita la cacatúa de la cabeza delicadamente y la acaricia con devoción; ésta canta sobre su hombro. Todos se quedan extasiados.*

*De pronto, el* CAUTELOSO DÍEZ, *desde su nido alerta, hace un gesto incomprensible con el mariposero y aprisiona en él una terrible flecha aguda. Se oyen grandes risas y gritos de júbilo, y entra el* CORO DE SÁTIROS *dando saltos y cabriolas de entusiasmo; dos de ellos traen cogido por una pierna en una trampa de pillar pájaros de tamaño humano al* INSIGNE ORTEGA, *cazador furtivo, que lleva en la mano el arco con que disparó la flecha. Viste un chaqué verde, chaleco rojo, corbata de plastrón y pantalón gris con polainas. En el sombrero flexible lleva atravesada una gran pluma de pavo real, y en un sitio visible, una etiqueta que dice: MADE IN GERMANY. Le acompaña su criado* GARCÍA, *que si no habla como su señor es porque su señor no le deja tiempo materialmente.*)

CORO DE SÁTIROS.  ¡Alegría! ¡Alegría! Le hemos cazado. ¡Victoria!

INSIGNE ORTEGA.  ¡Ay!, ¡ay!, ¡ay!, ¡ay!, ¡ay!...

GARCÍA.  ¡Ay!, ¡ay!, ¡ay!, ¡ay!, ¡ay!, ¡ay!...

DOCTOR.    ¿Qué es esto? ¿Qué es lo que habéis cazado?

CORO DE SÁTIROS.    Hemos cazado a un héroe. ¡Victoria! ¡Victoria!

(ORTEGA, *al oír lo de héroe, se calla, y el* DOCTOR, *que le ha reconocido, acude a él presuroso y le libra de los barrotes de hierro de la trampa.*)

ORTEGA.    Gracias, amigo.

DOCTOR.    Maestro, ¡es nuestro filósofo!

GARCÍA.    Y su criado.

MAESTRO.    ¿Qué ha sido ello?

ORTEGA.    No, nada, don Ramón; un ligero percance. (GARCÍA *le arregla el traje, que se le había arrugado, y él se acaricia la pierna lastimada.*) ¿No me quedaré cojo, verdad? (*Acude, cojeando ligeramente,* GARCÍA.)

CORO DE SÁTIROS.    (*Desilusionados.*) ¡Ah! ¿Pero era un filósofo?

DOCTOR.    (*Con indignación.*) ¿Y cómo no os habéis enterado? ¡Osad llamarle héroe!...

CORO DE SÁTIROS.    Vámonos, vámonos; pondremos otra vez la trampa.

ORTEGA.    (*Volviéndose a ellos rápidamente.*) No, amigos míos, no os marchéis todavía; esperad un momento, os lo ruego, hasta que me hayáis escuchado.

CORO DE SÁTIROS.    Esperamos; di lo que quieras.

ORTEGA.    Digo que quiero ser amigo vuestro. Antes lo fueron los centauros; y yo soy, como ellos, un cazador. Me llaman filósofo, maestro, sabio, orador —pero ¿qué me importa?—. Yo siento en mí el impulso infrahumano, poderoso, el empuje de una misteriosa savia que me crea. Rasgad la corteza de una encina con vuestra pezuña vibrante, y sentiréis a su contacto un palpitar de corazón...

PRIMERA MITAD DEL CORO.    ¡Muy bien! ¡Muy bien!

SEGUNDA MITAD DEL CORO.    ¿Qué dice? ¿Qué dice?

LA CACATÚA.    ¡Ca-ca-tú-a!, ¡ca-ca-tú-a!, ¡ca-ca-tú-a!

(*El* MAESTRO *acaricia a la cacatúa para que se calle y disimule su descontento. El* DOCTOR *mira al suelo, ruborizado. El* PROFESOR *y el* NEÓFITO, *escandalizados, no saben qué hacer ni qué decir. El* CAUTELOSO DÍEZ *se hace el distraído, fingiendo que caza mari-posas.*)

ORTEGA. (*Sin darse cuenta del efecto que produce en sus amigos y atento sólo al* CORO DE SÁTIROS, *continúa.*) Mirad la turbulencia de este cielo barroco que nos cobija. (*Todos miran sorprendidos la nitidez del cielo clarísimo.*)

Ese azul que se estremece con luminosidad está pre-ñado de amenaza, y es como una cintura o cartuchera sideral; el celeste arquero vigila, y su sombra es tan luminosa que nos ciega; pero somos su presa, y a ejem-plo suyo procuraremos simplemente disparar la flecha de la idea y alcanzar bajo el ala una verdad que trasno-cha. El intelecto no tiene más excitante, ni más gimna-sia, ni más nutrimiento que una peculiar y lujosa voluptuosidad por la verdad. ¿Quién no siente un placer casi erótico de alargar la mano y palpar estremecido las formas deliciosas de una idea en que la realidad ha dejado impresas su seno y su mejilla?... (*Se para, borra-cho de su elocución.*)

CORO DE SÁTIROS. (*Entusiasmados.*) ¡Bravo!, ¡bravo! ¡Viva nuestro héroe!

EL DOCTOR. (*Conmovido, para sí.*) ¡Elocuentísimo!

EL MAESTRO. (*Que se había tapado los oídos con energía.*) ¡Basta, Ortega, basta! No sigas manchando nuestros castos oídos con la impureza de tus palabras. No escandalices de ese modo nuestra bienaventurada inocencia. ¡Apártate, quítate de nuestra vista, y no vuel-vas más a perturbar!

CORO DE SÁTIROS. (*Entusiasmados.*) ¡Viva nuestro héroe! *Se lo llevan entre gritos de júbilo y cabriolas, como a la entrada.* ORTEGA *sale arrastrado por ellos, y para disimular la débil cojera, andando como ebrio, la cabeza hacia atrás y todo el cuerpo desmadejado, como una bacante de friso clásico. Detrás,* GARCÍA, *como dis-puesto a sostenerle.*)

(*Todos quedan entristecidos y consternados, sin atre-verse a decir nada. El* CAUTELOSO DÍEZ *intenta pescar, pero los peces que muerden el anzuelo caen en la pecera otra vez antes de que* DÍEZ *consiga elevarlos hasta el nido. De pronto, en medio del enojoso silencio humano, poblado de la algarabía del campo primaveral: piar de pájaros, arrullos de tórtolas, sonar de agua que cae..., se escucha un lejano pandero que repite idénticos golpes monótonos, como cuando la bailarina entra en escena para subir a bailar una danza morisca. A poco, sorprendiendo la desconfianza general, entra* AZORÍN, *llevando de una cadena que tira de un bozal a* PÍO BAROJA. *Detrás de ellos marcha, pensativo,* ANTONIO MACHADO, *con un ojo tapado, un cepillo de ciego sobre el pecho, del que cuelgan coplas y romances, y llevando en una mano una guitarra vieja y de la otra una cuerdecita que tira de un perro.)*

EL MAESTRO. (*Sorprendido.*) ¿A dónde llevas, admirable Azorín, a Baroja, de ese modo?

BAROJA. (*Gruñe.*) Ummmmm, uummmmmm, ummmmm.

AZORÍN. Chisss... (*Poniendo un dedo en los labios.*) Chiss. Que no se entere. Le llevo... ya sabéis a dónde...

BAROJA. (*Gruñe.*) Ummmmm, ummmm, ummmm.

EL PROFESOR. Curioso sonido. A ver, ¿quiere repetirlo? (BAROJA *se calla.*)

EL MAESTRO. Pero admirable Azorín, ¿no podría ser un poco más explícito?

AZORÍN. (*Como antes.*) ¡Chisss, chisss! Ya he hablado bastante.

BAROJA. (*Gruñe.*) Ummmmm, ummmmmm, ummmm.

(*El* PROFESOR *le escucha con atención. La cacatúa, asustada por los gruñidos de* BAROJA, *ha volado a refugiarse en el nido del* CAUTELOSO DÍEZ, *que la recibe regocijado y la tapa con el mariposero para que no se escape.*

AZORÍN *se marcha tirando de* BAROJA, *que se va gruñendo.* ANTONIO MACHADO *rasguea la guitarra cascada y hace ademanes de ofrecer sus coplas. Todos le contestan con un gesto de "perdone, hermano".)*

EL PERRO.  ¡Guau, guau!

PROFESOR.  A ver, ¿cómo?

EL PERRO.  ¡Guau, guau!

PROFESOR.  ¿Quiere hacerlo un poco más despacio?: murmurando las sílabas gu-a-u, gu-a-u, gu-a-u...

EL PERRO.  (*Furioso, intentando morderle.*) ¡Guau, guau! (ANTONIO MACHADO *se lo lleva arrastrando y desaparece detrás de* BAROJA *y* AZORÍN. *El* PROFESOR *se queda mirándolos marchar con melancolía.*)

(*Entra, queriendo ir muy de prisa, pero tropezando con todo y dando tumbos,* EUGENIO D'ORS, *vestido con una túnica y montado en un triciclo de niño.*)

EUGENIO D'ORS.  ¿Han visto ustedes, han visto ustedes? No se sabe todo lo que hay en un minué.

DOCTOR.  (*Hace una reverencia.*) Sí, ya lo estamos viendo: que a ese paso no llega usted a ninguna parte.

D'ORS.  ¿Llegar? ¿Llegar a qué? A mí no me importa llegar. Yo estoy paseándome filosóficamente. (*Tropieza, se cae y se vuelve a levantar.*) No se sabe todo lo que hay en un minué. Lo que yo les preguntaba era si habían visto pasar a Azorín, Baroja y al maestro de la poesía castellana: Antonio Machado.

PROFESOR.  Sí; acaban de marcharse.

D'ORS.  ¿Por dónde?

DOCTOR.  ¿Pero va usted con ellos?

D'ORS.  No, no voy con ellos; y por eso quiero saber por dónde van. (*Sonríe irónicamente.*) No se sabe todo lo que hay en un minué.

NEÓFITO.  (*Señalando.*) Por ahí se han ido.

D'ORS.  Muchas gracias. Adiós, señores. Fíjense en mi aparato: es tan artístico como sencillo. La verdad es Euclides. (*Hace una reverencia.*) No se sabe... etc. (*Se marcha en la dirección señalada, dando tumbos con el triciclo.*)

EL DOCTOR.  Es lástima que este hombre vaya a acabar mal por empeñarse en andar de ese modo.

EL PROFESOR.  No anda, se desliza.

DOCTOR.  Quiere deslizarse, pero no tiene en cuenta los accidentes del terreno.

(*El* CAUTELOSO DÍEZ *ha ido recogiendo todos sus bár-
tulos —el libro de mariposas disecadas, la sombrilla, la
caña, tres o cuatro pares de gafas, el mariposero con la
cacatúa, un alfiletero, una máquina de escribir, etc.—, y
con todo ello encima ha procurado descender de su nido,
pero al intentarlo cae al suelo con todo aparatosamente.
Todos se apresuran a socorrerle y él se disculpa, ponién-
dose muy rojo, todo azorado y sonriendo forzadamente.*)

EL CAUTELOSO DÍEZ. Señores, no es nada, no es
nada; estoy acostumbrado, siempre me pasa lo mismo;
no ha sido nada. No ha sido nada. (*Pretende marcharse,
recogiendo todo lo que puede, que vuelve a caérsele
varias veces.*) En seguida vuelvo; ya verán, en seguida
vuelvo.

EL PROFESOR. ¡Pero no se lleve la cacatúa! (*Se la
quita.*)

DÍEZ. Es verdad. Perdón, no hagan caso. En seguida
vuelvo. (*Se marcha corriendo, muy azorado.*)

(*Entra* DON FELIPE CLEMENTE DE DIEGO, *vestido
como San José en la huida a Egipto; lleva el báculo y una
varita de nardos, y del ronzal, a un burro con dos capa-
chos encima llenos de libros; en uno de ellos va un camaleón de tamaño mayor que el natural.*)

NEÓFITO. ¿Quién viene?

DOCTOR. El ilustre Don Felipe Clemente de Diego.

NEÓFITO. ¿Y quiénes son ésos?

DOCTOR. Tres nombres distintos y un solo civilista
verdadero.

NEÓFITO. ¿Verdadero como civilista?

DOCTOR. No le conozco personalmente, aunque he
oído decir que es sevillano.

PROFESOR. Eso es una calumnia de sus enemigos
para llamarle, porque dicen que es falso, pero es un
santo varón.

DOCTOR. Un hombre impecable, todo serenidad y
mansedumbre. No hay más que mirarle.

MAESTRO. ¿A dónde vas, Felipe?

FELIPE. Huyendo de la quema y de los que me persiguen. (*Sonriendo beatíficamente.*)

MAESTRO.    No me recuerdes nuestra desgracia y dime quiénes te persiguen.

FELIPE.    Quienes dudaron de la pureza de mi civilidad.

MAESTRO.    Y ¿a dónde huyes?

FELIPE.    Ya lo ves, a Egipto.

MAESTRO.    ¿Con ese burro?

FELIPE.    (*Cogiendo el camaleón.*) Y este otro querido compañero jurídico. Como yo no soy egoísta y nada quiero para mí, me he quedado sólo con un nombre y he dado a éstos los otros dos que tenía: a mi burro le llamo Clemente, y Diego a este compañero camaleóntico de sangre fría.

MAESTRO.    Eres un santo.

NEÓFITO.    ¡Qué generosidad!

DOCTOR.    ¡Qué desinterés! ¡Ya os lo dije! Tres sabios distintos y una sola persona jurídica.

FELIPE.    Además, llevando este burro, podré demostrar a cualquier desgraciado que me encuentre, que yo no soy un fariseo.

MAESTRO.    ¡Qué hombre tan recto!

PROFESOR.    ¡Y parabólico!

DOCTOR.    No, reptilíneo.

FELIPE.    ¿Cómo?

DOCTOR.    He querido decir rectilíneo.

MAESTRO.    Un santo, un santo, un santo.

FELIPE.    Bienaventurados seáis todos y adiós. (*Se marcha.*)

MAESTRO.    Bienaventurado el que te encuentre y el que te siga, aunque sea hasta los sepulcros eternos.

TODOS.    Amén.

(*Luego el* DOCTOR, *el* PROFESOR *y el* NEÓFITO *se miran y miran al* MAESTRO *que, otra vez con la cacatúa en su hombro, apoya pensativo la cabeza en la mano para no perder el perfil y la línea recta. Los tres le contemplan con respetuoso silencio. Pausa.*)

MAESTRO.    (*Hace un ademán cariñoso a sus discípulos y dice con voz velada por la emoción.*) Escuchadme. Ha llegado la hora de que nuestra misión se cumpla. (*Coge la cacatúa.*) Este sagrado pájaro me lo ha anunciado. Desde la noche en que nuestras diosas perecieron sacrificadas para redimirnos siento acercarse el momento de nuestro apostolado, y ¡quién sabe! si de nuestro martirio... (*Los tres, conmovidos, hacen un ademán de protesta, que el llanto acalla.*) Pero todo es necesario para la victoria. Perdimos lo que teníamos, y perdimos bastante. Sin embargo, aún nos queda más. Id y predicad y convertid a todas las gentes. El don de lenguas que por virtud de este pájaro, símbolo de la omnipotente sabiduría filológica, os fue concedido, os instruye de nuestro heroico empeño. Ha llegado el momento sublime y doloroso de separarnos. (*Sollozando, el* MAESTRO, *el* NEÓFITO *y el* PROFESOR, *se arrodillan ante el* MAESTRO, *implorando su bendición; éste les impone una mano después de otra sobre las cabezas y les da un beso en la frente.*)

DOCTOR, PROFESOR y NEÓFITO.    ¡Maestro! (*La voz se les nubla por la emoción.*)

(*El* MAESTRO *se levanta solemnemente, más hierático y angular que nunca, y, con la cacatúa de guía en la mano, hace un signo de adiós.*)

NEÓFITO.    (*Tembloroso.*) Y tú, ¿a dónde irás?

DOCTOR.    Calla, imprudente. ¿No lo ves? El Maestro va a cazar filólogos con reclamo.

MAESTRO.    (*Con melancolía.*) Yo voy a cumplir la misión más alta; y en verdad te digo por última vez, amigo Américus, que huyas de las pecaminosas seducciones de Ortega, y que no imites sus imágenes venatorias. (*El* PROFESOR *y el* NEÓFITO *se van llorando, y con ellos el* DOCTOR, *conmovido y triste. Luego el* MAESTRO *los mira alejarse con silenciosa emoción y, cuando los pierde de vista, se dirige, solemnemente, con la cacatúa en la mano y en rítmico paso rectangular, hacia el lejano bosque sagrado.*)

LA CACATÚA.    ¡Ca-ca-tú-a, ca-ca-tú-a, ca-ca-tú-a!...

FIN DEL ACTO II

# ACTO III

*L A selva. Mediodía. Primavera. Entra don* RAMÓN *con la cacatúa en la mano y el* CORO DE MONOS. *Entra el* MAESTRO *con su postura rígida y de perfil y los monos lo mismo, imitándole.*

MAESTRO.    Estoy satisfecho de vosotros. Nunca encontré discípulos mejores. Con vuestro auxilio cumpliré hasta el fin mi destino, y de esta misteriosa selva sagrada saldrá una nueva vida para la humanidad, una nueva era, en que el bárbaro lenguaje humano, absurdo tejido de imaginaciones poéticas, desaparecerá ante la fuerza radiante de la universal lengua filológica. Todo en esta selva será pura filología, y es preciso para ello someternos a nuestra científica disciplina, a la más alta voluntad del bosque, a los pájaros que hoy viven en el libertinaje y la anarquía, en la más desordenada y divertida vida poética.

CORO DE MONOS.    ¡Oh, sabio Maestro, qué bien dices! Los pájaros son el mayor escándalo de la selva. Con su algarabía y alboroto perturban la paz y el silencio, que debieran reinar en ella. Además la falta de conocimientos sintáxicos y fonéticos en su profesión, es ya una vergüenza. No saben nada.

MAESTRO.    Tenéis razón; no saben nada, pero esto puede ser una ventaja para nosotros; así, podremos sorprenderlos en su ignorancia y los convenceremos fácilmente.

CORO DE MONOS.    Pero es que son muy orgullosos.

MAESTRO.    No importa. Aceptarán nuestras enseñanzas por curiosidad, y una vez aceptadas ya no tienen escapatoria; el que entra en las sublimes redes de nuestra disciplina ya no puede salir jamás.

CORO DE MONOS. Entonces no hay que perder tiempo, porque hay algunos pájaros, entre ellos, que pueden anticipársenos, perturbando la maravillosa inocencia de los demás, y perjudicarnos.

MAESTRO. ¿Qué sospecháis?

PRIMERA MITAD DEL CORO. No nos extrañaría que a la lechuza le hubiese hablado de nosotros su místico amigo don Miguel de Unamuno.

MAESTRO. (*Horrorizado.*) ¡Callad!

SEGUNDA MITAD DEL CORO. O que el ruiseñor estuviese informado por el poeta Juan Ramón Jiménez.

MAESTRO. (*Con desdén.*) ¡Bah! ¡El ruiseñor!

CORO DE MONOS. El ruiseñor y la lechuza ejercen una gran influencia y todos los pájaros los tienen en veneración.

MAESTRO. Yo temo más al mirlo, porque es un cínico capaz de cualquier cosa con tal de ponernos en ridículo.

CORO DE MONOS. No lo creas. El mirlo, como se burla de todo, ha perdido mucha autoridad.

MAESTRO. Silencio. Los pájaros llegan. Vámonos ahora para escoger el momento propicio para sorprenderlos.

(*Se marchan el* MAESTRO *y el* CORO DE MONOS *en la misma forma rígida y rectangular de siempre.*)

(*Entran el* MIRLO *y el* CORO DE PÁJAROS.)

CORO DE PÁJAROS. (*Entra alborotando de contento y alegría.*) ¡Qué bien! ¡Qué bien! ¡Qué bello día!

EL MIRLO. (*Silba.*) Indudablemente hay unos pájaros que cantamos mejor que otros, pero cantar es una simpleza.

CORO DE PÁJAROS. ¿Por qué dices eso?

EL MIRLO. Porque para decir. "¡Qué bien! ¡Qué bien! ¡Qué bello día!", no vale la pena de saber cantar.

CORO DE PÁJAROS. Nosotros cuando cantamos no decimos nada.

EL MIRLO. Ni cuando habláis tampoco.

CORO DE PÁJAROS. Porque no hablamos nunca.

EL MIRLO. Ahora mismo estáis hablando conmigo.

Coro de Pájaros. Pero tú sabes que es mentira.

El Mirlo. No lo creáis. ¿Vosotros no sabéis nada de filología?

Coro de Pájaros. Te burlas.

El Mirlo. Nada de eso; pero si no os fiáis de mí, preguntárselo a la Lechuza, que aquí viene, y os lo dirá.

(*Entra la* Lechuza.)

Coro de Pájaros. Hola Lechuza, ¿quieres decirnos qué es la filología, o si es una cosa que ha inventado el Mirlo para burlarse de nosotros?

La Lechuza. (*Con voz aguda y acompasada.*) Para burlarse de vosotros tal vez os lo haya dicho.

Coro de Pájaros. (*Al* Mirlo.) ¿Lo ves? ¿Lo ves?

La Lechuza. Pero no lo ha inventado él.

El Mirlo. ¡Dios me libre!

Coro de Pájaros. Entonces, ¿es una cosa humana?

La Lechuza. No conozco nada menos humano.

Coro de Pájaros. Hablas en enigma.

El Mirlo. Si fuera yo diríais que me estaba burlando.

La Lechuza. Creo que no pasará mucho tiempo sin que me comprendáis. Porque pronto vais a poder ver algo extraordinario que nunca habéis visto, una cosa sorprendente y maravillosa.

Coro de Pájaros. (*Intrigado.*) ¿El qué?

La Lechuza. Un hombre que, sin dejar de ser un hombre, ya no es un hombre.

Coro de Pájaros. (*Más intrigado aún.*) ¿Y qué es?

La Lechuza. Un filólogo.

El Mirlo. ¿Lo veis? Un filólogo.

Coro de Pájaros. Y ¿cómo es?

La Lechuza. Ya lo veréis. Ahora, escuchadme...

(*Se oye el canto del* Ruiseñor. *Todos escuchan extasiados. Luego entra el* Ruiseñor.)

El Mirlo. Éste es el Ruiseñor, que me gusta porque canta bien.

Coro de Pájaros. (*Creyendo sorprenderle.*) Oye, Ruiseñor, ¿a que tú no sabes lo que es un filólogo?

EL RUISEÑOR.   (*Desdeñosamente.*) Un filólogo es la cosa más estúpida de todo el universo.

EL MIRLO.   ¿Eso es una definición o una opinión tuya?

LA LECHUZA.   Es una verdad, o sea, una idea que puede verificarse.

EL MIRLO.   O que ya se ha verificado.

CORO DE PÁJAROS.   Sea lo que sea, para nosotros es bastante.

(*Entra la* CACATÚA *sola.*)

LA CACATÚA.   ¡Ca-ca-tú-a, ca-ca-tú-a!

CORO DE PÁJAROS.   (*Furioso.*) *¡Un pájaro que habla! ¡Muera, muera el traidor!*

(*La* CACATÚA *se marcha huyendo y el* CORO DE PÁJAROS, *persiguiéndola, detrás.*)

EL MIRLO.   Me parece que se han equivocado, porque verdaderamente ese pájaro no habla.

LA LECHUZA.   ¿Por qué dices eso?

EL RUISEÑOR.   Quiere decir, sin duda, que no habla como los hombres, y tiene razón: no habla el lenguaje humano, sino el filológico.

LA LECHUZA.   Es verdad. Confieso que a veces la poesía o la burla se adelantan a mi sabiduría.

EL RUISEÑOR.   Tu sabiduría, querida Lechuza, es poesía y burla también.

EL MIRLO.   ¡Cuidado!, que aquí viene el Maestro en busca de su cacatúa.

LA LECHUZA.   Espéranos aquí. Nosotros vamos a prevenir a todos los pájaros.

(*Salen la* LECHUZA *y el* RUISEÑOR.)

(*Entran, en la forma acostumbrada, el* MAESTRO *con el* CORO DE MONOS. *El* MIRLO *silba la Marcha Real.*)

MAESTRO.   Aquí envié al pájaro sagrado como mensajero. He querido convertirles repentinamente, con la aparición de un milagro. ¿Dónde estarán?

CORO DE MONOS.   Aquí sólo está el Mirlo, que para nosotros tal vez sea pájaro de mal agüero.

MAESTRO.   Yo creo que no. Sospecho, más bien, que es muy inteligente. Le voy a interrogar. (*Va hacia él.*)

PRIMERA MITAD DEL CORO DE MONOS.    Me parece que el Maestro se equivoca. Es un hombre al fin.

SEGUNDA MITAD DEL CORO DE MONOS.    No digáis eso. Ved cómo jamás en su figura aparece nada que sea humano. ¿Le habéis visto llorar, reírse, moverse humanamente? El hombre ha muerto del todo en él, para que el filólogo viva.

PRIMERA MITAD DEL CORO DE MONOS.    Es la triste condición humana. En cambio, en nosotros, que le somos indiscutiblemente superiores, el mono y el filólogo no son incompatibles; no sólo pueden convivir, sino que mutuamente se compenetran y engrandecen. Desconfiad del filólogo que ha sido hombre alguna vez.

SEGUNDA MITAD DEL CORO DE MONOS.    Callad, callad.

MAESTRO.    (*Al* MIRLO.) Amigo pájaro, ¿me hace el favor?

EL MIRLO.    (*Se hace el distraído y silba un aire popular.*)

MAESTRO.    ¿Tienes conocimientos folklóricos?

EL MIRLO.    Yo no soy un loro, soy un mirlo. ¿Qué quería de mí?

MAESTRO.    Querría que me dijera dónde están los demás pájaros de este bosque, porque necesito hablarles.

EL MIRLO.    ¿Hablar con los pájaros? Usted está loco.

MAESTRO.    (*Un poco desconcertado.*) Era para convertirles, digo, para explicarles la filología.

EL MIRLO.    Señor filólogo, los pájaros no admiten explicaciones de palabra.

(*Se oye gran algazara pajaril y entran el* CORO DE PÁJAROS, *la* LECHUZA *y el* RUISEÑOR, *con la cacatúa muerta y disecada.*)

CORO DE PÁJAROS.    (*Contentísimos.*) Estamos vengados. Ya hemos castigado al pajarraco. ¡Alegría, alegría!

MAESTRO.    (*Horrorizado.*) ¿Qué es esto?

LA LECHUZA.    (*Dándole la cacatúa disecada.*) Muda para siempre.

(*El* Maestro, *desconcertado y vencido por el dolor, pierde su rectilínea rigidez hierática, y llora blandamente ante la cacatúa disecada.*)

Coro de Monos.    Nos ha engañado. Nos han traicionado. Es un hombre, no es un filólogo. ¡Muera!, ¡muera!, ¡muera!

(*Trepan a los árboles y arrojan sobre el* Maestro *toda clase de proyectiles: nueces, cocos, castañas, etc., para lapidarle. El* Maestro *huye corriendo con su cacatúa, bajo la terrible granizada.*)

Coro de Pájaros.    (*Con júbilo.*) Eso, muera, muera el filólogo. ¡Victoria!, ¡victoria!

Coro de Monos.    El filólogo, sí; la filología, no; la filología no puede morir, es ya cosa muerta.

El Mirlo.    (*Al Ruiseñor y a la Lechuza.*) ¿Lo veis? Por muy contentos que queráis estar, ya lo habéis oído. Acabaríais con el filólogo, pero siempre os quedarán sus monos.

FIN DEL ACTO III

Y

DE LA FARSA ARISTOFANESCA

16 de enero de 1925

# ÍNDICE DE LÁMINAS

ESTE LIBRO
SE TERMINÓ DE IMPRIMIR
EL DÍA 16 DE MARZO DE 1997.